プロレス発掘秘史

アリは
猪木戦の直前に
プロレスラーと
戦っていた！

瑞佐富郎

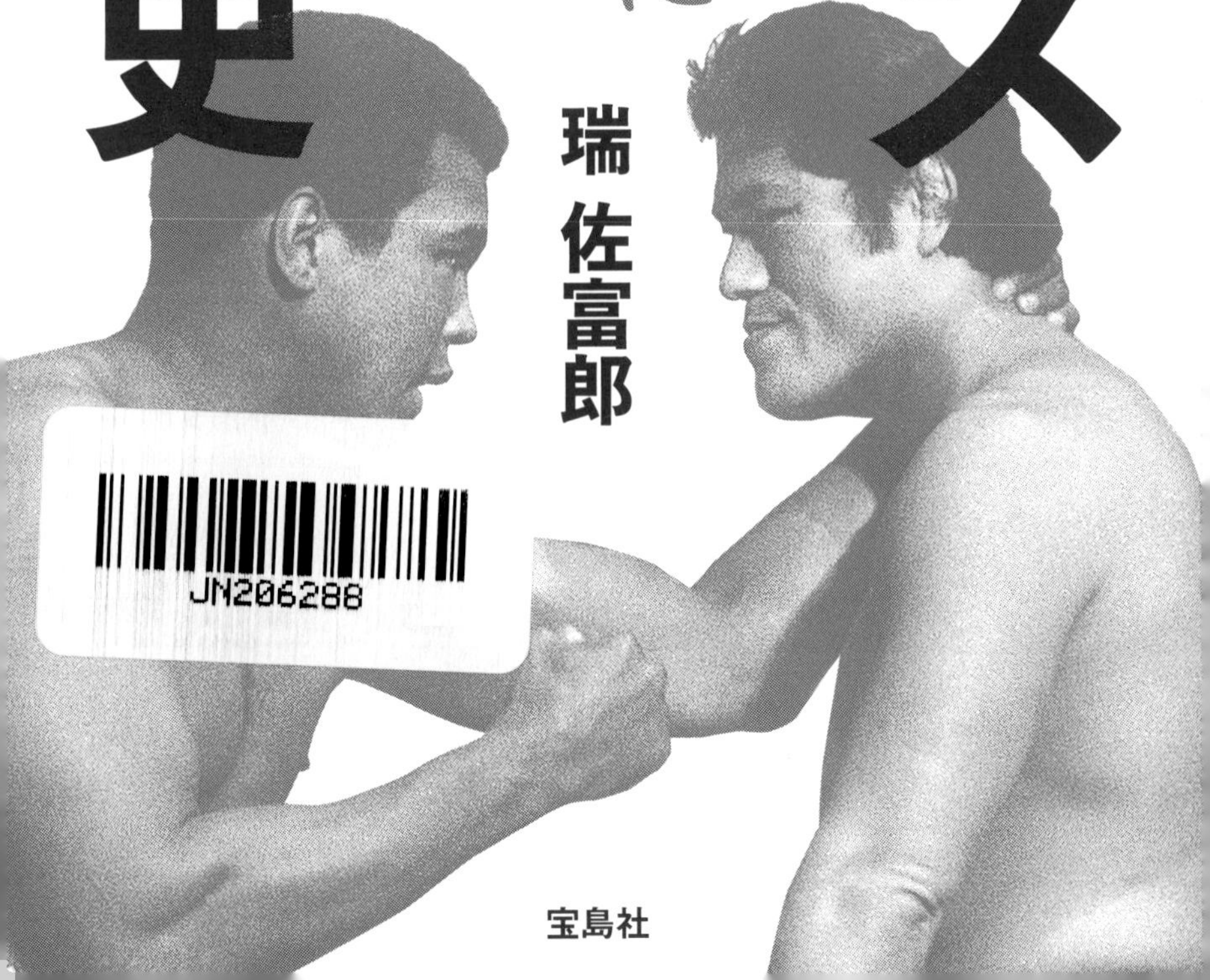

宝島社

まえがき

「昨年中は新日本プロレスも大変、多難な年でございまして」

１９８４年元旦の、アントニオ猪木のリング上での挨拶である（後楽園ホール）。

「われわれも、去年の出来事を反省し、今年は一丸となって……え～……（沈黙）ありがとうございました」

場内に爆笑が起こった。「一丸となって」の後に続く言葉が飛んでしまった猪木が可笑しかったのだろう。だが、後から思うと、とても笑えなかった。

この2カ月後に、新団体である第一次ＵＷＦが誕生。猪木も新日本を離れ、そこに参加する予定だったとされたためである。実際には猪木は動かなかったが、ライバルであるラッシャー木村は第一次ＵＷＦに参加。こちらは新日本でお世話になった人物の密命によるものだったが、その木村が移籍の直前、テレビに登場した際、着ていたＴシャツに大書されていた文字が忘れられない。

「仕事人」（１９８４年2月7日。藤波辰巳戦）。

プロレスにおいて、後からわかることは、あまりにも多い。「あれは、そういうことだったのか」と。本書は、数々の証言や埋もれた事実をもとに、そんな秘史を掘り起こした一冊である。

われわれが住む日本の歴史においても、例えば、関ヶ原の戦いの西軍総大将が石田三成でなく、毛利輝元であることが後に発覚したり、大化の改新が起こった年が、645年から、646年に文字通り改新されたりと、日々、アップトゥデートを繰り返している。プロレスについても同じこと。本書に掲載した、現代から明らかになった過去の真実の数々が、プロレスのあり余る魅力を新たに捉え直すよすがとなれば幸いだ。

1990年代、『闘魂Vスペシャル』というビデオシリーズがあった。新日本プロレスにおけるテレビ未放映試合を収録したソフトだったが、「Vol.21」の次に発売されたのは、「Vol.23」となっていた。聞くと、「Vol.22」に収録予定だったザ・グレート・ムタVS獣神サンダー・ライガーが、ライガーの負傷により中止になったためという。約2年後、ムタVSライガーはようやく実現。ビデオのタイトルはこうなっていた。

『闘魂Vスペシャル Vol.22』。

「いつか実現すると信じて、欠番にしておいたんです」と嬉しそうに語った担当者の笑顔が、今も胸に残っている。

「僕は、プロレスは、間違いなく文化と呼んで良いものだったと思ってるんですよ」

東京スポーツの重鎮、かつ、「ワールドプロレスリング」の解説者であった桜井康雄さんの、晩年の言葉である。

微力ながら、その肥沃な文化の、新たな滋養となることを願いつつ。

2024年9月　瑞 佐富郎

アリは猪木戦の直前にプロレスラーと戦っていた！　プロレス発掘秘史　目次

第2章　全日本プロレスと馬場

第3章 UWFと格闘技

第4章 プロレスあれこれ秘話

STAFF
カバーデザイン／金井久幸（Two Three）
編集協力／片山恵悟（スノーセブン）
本文デザイン・DTP／川瀬誠、G-clef（山本秀一、山本深雪）
写真／AP／アフロ（カバー・表紙・第4章扉）　木村盛綱／
アフロ（第1章、第2章、第3章扉）、山内猛（P42-43、64-65、
70-71、82-83、106-107、118-119、124-125、166-167、174-
175，200-201）

第1章 新日本プロレスと猪木

『INOKI BOM-BA-YE』の30年以上前に紅白の裏番組で放送された猪木の名勝負

29日遅れの録画放送だったドリーvs猪木

『紅白歌合戦』と格闘技の視聴率戦争といえば、2001年の紅白vs『INOKI BOM-BA-YE』（TBS系）が有名だ。猪木軍とK-1軍が激突し、裏番組では民放1位の14・9％という高視聴率を獲得。翌年の同大会も16・7％と高い数字を継続し、紅白の裏で格闘技が中継されることは大晦日の定番となった。しかし、これに先立つ30年以上前、紅白の裏番組で、『INOKI BOM-BA-YE』の象徴だった猪木が戦っていたことをご存じだろうか？

それが1969年の大晦日、午後9時からテレビ朝日で放送された『NWA世界ヘビー級選手権：ドリー・ファンクJr vsアントニオ猪木』。プロレスファンにはよく知られた、60分3本勝負ながら互いにノーフォールのまま時間切れに終わった死闘である。

試合自体は、同年の12月2日に大阪府立体育会館で行われた。つまり29日遅れの録画放送だったが、大晦日の平均視聴率を見ると、紅白歌合戦が69・7％で化け物番組ぶりを示す一方、午後10時まで放送されたドリーvs猪木の平均視聴率は5・8％。他の民放の午後9時からの視聴率は、フジテレビ『お笑いヒットスタジオ』＝3・8％、TBS『Oh！それ見よ（最終回）』（ドラマ）＝1・4％、日本テレビ『コント55号の野球拳!!』＝5・8％、テレビ東京『なつかしの歌声・年忘れ大行進』＝10・9％と、裏番組ではフジとTBSを抜いて日テレと同率で民放2位と大健闘だった。

しかも、現在も続くテレ東の懐メロ番組は、高視聴率ではあるものの、数字は午後7時から10時までの番組の平均。分刻み視聴率を見ると、9時28分にテレ東は5・4％、猪木vsドリーは5・9％と逆転。そのままドリーvs猪木が番組終了まで数字を上回った。また、日テレの野球拳は30分番組。続く日テレの午後9時半から10時の『トップミュージック』の平均視聴率は、なんと0・2％であった。

ドリーvs猪木が紅白の裏番組で〝実質〟視聴率1位

小事ではあるが、午後9時半からの30分間は、ドリーvs猪木が裏番組1位に躍り出ていたのだ。この試合の後半では、ドロップキックの相打ちや、ドリーの机攻撃に猪木が電話機でやり返すという意外にも派手な場外戦もあり、見どころはたっぷりだった。ドリーがボディスラムで大きく抱え上げた瞬間、猪木はドリーの背後にスルリと下り立ち、コブラツイスト。しかし、ここで、タイムアップのゴングが鳴った。

試合後、猪木が顔をしかめるシーンがあった。実は4日前の試合でダイビングボディプレスを放った際、左手を逆に折る形でマットに接触。中指を骨折、薬指を脱臼していたのだ。ドリー戦はその痛みを押して出場。左手に麻酔薬とアリナミンを注射した。手の感覚をなくしてしまおうという猪木の作戦だった。ところがドリーはこの弱点を集中攻撃。リバース・フィンガーロックから、足で踏みつけ、果ては鉄柱にぶつける。試合後の猪木の表情は、あらためてその激痛がぶり返して来たものだった。逆に言えば、それを忘れるほど、いや、忘れなければいけないほど、夢中で戦っていたのだ。

試合後、ドリーの父のドリー・ファンク・シニアが言った。「猪木はカミカゼだ」。ドリーが聞く。「カミカゼって、なんだ?」「イッツ・クレイジー」。ドリーは猪木の指のケガを知り、最大級の賛辞を贈った。「ノー。猪木はカミカゼではない。テキサス人以上のガッツマンさ」

猪木がドリーに勝てば、猪木vs馬場が実現

当時、馬場と猪木を擁していた日本プロレスは、日テレとテレ朝の2局体制で試合中継を放送。馬場を中心にした日テレは毎週金曜日の午後8時から放送、猪木を看板にしたテレ朝は毎週水曜日の午後9時から放送していた。そしてこのNWA世界戦には、とんでもないオマケがついていた。試合翌日の12月3日(水)、東京で、ドリーvs猪木で勝利した王者に馬場の挑戦が決まっており、猪木が勝てば、猪木vs馬場の実現もあり得たのだ。結果は両者が3本勝負の1本ずつを取ったが、時間切れ引き分けに終わっていた。

注目はドリーvs猪木の翌日行われたドリーvs馬場の放送日だった。こちらは試合2日後の12月5日（金）には録画放送された。しかもゲスト解説は猪木だった。当然、12月2日（火）の試合で猪木がドリーと引き分けたことにも言及があった。要するに、12月5日（金）のドリーvs馬場放送の時点で、大晦日放送のドリーvs猪木のネタバレは避けられなかったのだ。

猪木は12月2日（火）に試合をしたので、翌3日（水）に録画放送できたはずだが、テレ朝はそれをしなかった。この12月、水曜日は5週あり、17日（水）は13日の葛飾区大会、24日（水）は14日の足立区大会を放送した。そして5週目水曜が31日。テレ朝は大晦日の放送時点ですでに試合結果を知られていながら、あえてそこでドリーvs猪木を放送した。それは、この試合の内容が紅白の裏番組として放送するのに相応しいほど素晴らしかったという証左になるだろう。

このドリー戦を自らのベストバウトの1つに挙げる猪木の回顧が以下である。

「ドリーとの試合で俺は馬場さんとの違いを見せつけることができた」（『WEB報知』2022年10月9日配信分）。

それは、「馬場さんよりいい試合ができた」という自負だった。

小ネタ 猪木とドリーは翌年8月2日にもNWA王座を賭けて対戦（1－1からの時間切れ引き分け。2引き分けが通算戦績と思いきや、ドリー側の戦史によれば、1965年10月11日にテキサスで〝トーキョー・トム〟にシングルで負けており、これが猪木とする説は濃厚。因みに、1987年11月24日午前11時ごろ、羽田空港で、猪木とドリーは偶然再会している。全日本勢が青森に行くところ、降雪で足止めを食らい、そこに、高知に行く新日本勢が現れたためであった。公には最後の2ショットと見られる。

猪木が馬場の試合をレフェリング！馬場にだけ厳しすぎる裁定を連発

視聴率アップを狙って猪木をレフェリーに

猪木が馬場の試合をレフェリングしたのは、1968年2月16日の後楽園ホール大会だった。この日は馬場、猪木が所属する日本プロレスの「ダイナミック・シリーズ」の開幕戦。外国人勢はハーリー・レイス、ディック・マードックら6名が参加予定だったが、あいにく、東京が大雪に見舞われ、羽田空港に飛行機が着陸できない事態となった（北海道・千歳空港に緊急着陸）。これにより、この日の興行は日本人だけで行うしかなくなり、メインはジャイアント馬場vs吉村道明になった。そしてレフェリーは、この日試合のなかった猪木が務めた。

レフェリー猪木といえば、数々の逸話がある。1997年8月10日、ナゴヤドームで行われた小川直也vsザ・グレート・ムタを裁いた猪木は、出だしにムタの毒霧を浴び、レフェリングが不能となった。また、1994年11月13日の平成維震軍の旗揚げ戦で越中詩郎vsタイガー・ジェット・シンを裁いた際は、レフェリー猪木に向けてシンが放ったパンチをかわし、スリーパーを決めた。どちらの試合も集客のテコ入れとして、猪木がレフェリーを務めた。

冒頭の馬場vs吉村の試合も似たような事情があった。この日は金曜日で、夜8時から日本テレビの生中継『日本プロレス中継』が入っていた。また、日プロにとって嬉しい告知も行われた。それまで『日本プロレス中継』は、別番組『ディズニーランド』との隔週放映で、金曜夜8時を外れる場合は午後10時15分からの録画放送だった。それが、3月以降は、毎週金曜日に固定放送されるという発表があったのだ。

そこで日プロは、日テレにアピールするためにもより高い視聴率が欲しかった。猪木のレフェリー起用は視聴率アップのための一案だった。吉村のセコンドには、当時、アジアタッグをともに保持していた大木金太郎がついた。普段セコンドは若手が務めるものだけに、ここにも視聴率アップの狙いがあった。

ロープブレイクをする馬場の足を蹴る猪木

1978年9月19日、猪木はシンvs上田馬之助を裁いた。この試合のレフェリー猪木は反則に異常に厳しく、ロープブレイクをした相手への攻撃をやめない両者を強めのパンチやキックで攻撃するなど、もはやレフェリングのほうが反則レベルだった。試合も最後は3WAYマッチの様相を呈し、収拾がつかなくなった末にシンの反則負けだった。

ここで冒頭の馬場vs吉村でのレフェリー猪木の話に戻そう。試合は小兵ながら堂に入った吉村の技に、馬場がパワーで対抗する展開。16文キック3連発を見舞うと、客席から「馬場！ あまりイジメるな！」の声が出る。

注目の絡みは8分過ぎ。吉村のキーロックに馬場が足を延ばし、ロープブレイク。すると、猪木がロープを蹴ってその足を外したのだ（厳密なルールでは手首か足首まで出てないと、ロープブレイクにはならない）。苦悶しながら馬場が苦笑いを浮かべる。一方、吉村がロープを掴むと、猪木が馬場にブレイクを厳命。当時、猪木と「BI砲」として黄金時代を築いていた馬場が「おい、パートナーだろ？」と言うと、猪木は「今日は違う」と答える。場内はドッとウケる。

フィニッシュは馬場の16文キックを吉村が身をかがめてかわし、その足をとって逆エビ固めを狙うと、馬場が脚力で吉村を巴投げのように後方に投げ、そのまま吉村の上に乗る形で3カウントを奪取。変形の回転エビ固め（当時の決まり手名は逆さ押え込み）という、馬場にしては珍しいテクニカルなフィニッシュは、業師・吉村が対戦相手であったことに加え、〝吉村びいき〟のレフェリー猪木に馬場がテクニックを見せつけたとも取れる。

ちなみに、ルチャリブレの回転固め技であるウラカン・ラナを日本で初めて披露したのは猪木という定説があるが（1974年10月25日のジョン・トロス戦）、猪木自身は「もっと前から使っていたよ」と発言している。

いずれにせよ、テクニカルな丸め込み技は、吉村はもちろん、猪木も得意とするところだけに、パワーで試合を展開する馬場が突然見せたテクニックにレフェリー猪木は驚いたのではないか。敗者の吉村も試合後、「（馬場を）見直した」とその技量を認めている。

猪木をお手本に鶴田を指導した馬場

近年では、とくに仲が悪いわけではなかったことがファンのなかで一般論となりつつある馬場と猪木。猪木自身、「馬場さんは5歳上ですから、ライバルという意識はなくて。むしろ、（年上でデビューも1年先輩の）大木金太郎さんとかのほうが馬場さんの入団に焦ってたんじゃないかなあ」と述懐している。新日本プロレス旗揚げ以降の猪木の、馬場に対する数多くの挑発的な言動も、あくまで〝兄貴分〟に対する甘えだったとも考えられる。

反対に、〝慎重居士〟として知られる馬場は、猪木を公に語った発言自体少ない。しかし、愛弟子の鶴田にこうアドバイスした記録が残っている。

「コブラツイストにしてもお前は手足も長いし、ピシッと決まったら説得力もあるはずなのに顔が駄目。猪木みたいに必死に締めなきゃ力強さ、迫力がないんだよ」（『永遠の最強王者　ジャンボ鶴田』ワニブックスより）。

猪木の闘魂は、馬場が最もよく理解していたのかもしれない。

小ネタ　馬場が猪木の愛弟子、藤波辰爾を褒めたことも。「ダメなレスラーは、だいたい指先に神経が集中していない。腕をだらんとさせているレスラーは話になりませんよ。その点、新日本の藤波（辰爾）は猪木から学んだんだろうけど、常に指を動かしている」（『馬場本』ベースボール・マガジン社より）

猪木と国際はぐれ軍団の1vs3マッチは当初、ブッチャーが戦う予定だった

事前発表の3大マッチがすべて変更に

全国区のブームという面で考えれば、新日本プロレスの黄金期が1980年代前半であることは間違いないだろう。そして、同時代を過ごしたファンなら、3つの柱が思い浮かぶはず。「猪木とはぐれ国際軍団の抗争」「藤波辰巳と長州力の名勝負数え歌」「初代タイガーマスクの大ブーム」だ。この3つが初めて同じ大会場で行われたのが、1982年11月4日の蔵前国技館大会だった。

この日のカードは、「初代タイガーマスクvs小林邦昭（NWA世界&WWF認定ジュニアヘビー級選手権）」「藤波辰巳vs長州力（WWFインターナショナルヘビー級選手権）」「アントニオ猪木vsラッシャー木村&アニマル浜口&寺西勇（1vs3ハンディマッチ）」（タイトル戦は先出が王者）。

ファン垂涎のラインアップであることの証明として、翌5日、録画中継された蔵前国技館大会の視聴率は23・7%を記録（ビデオリサーチ調べ）。1982年に放送された『ワールドプロレ

スリング』のなかで最高視聴率だった。

ところが、この大会の興行用ポスターを見てビックリする。選手の写真つきで告知されていた対戦カードは、大会当日のものとはまったく違っていたのだ。ポスターに表記されていたのは、「特別試合　アントニオ猪木、坂口征二対A・T・ブッチャー、ラッシャー木村」「WWF・インターナショナルヘビー級選手権試合　藤波辰巳対ボブ・オートンJr」「WWF・ジュニアヘビー級選手権試合　タイガーマスク対マーティー・ジョーンズ」だった。

ブッチャーとラッシャー木村がタッグ結成

大会の目玉となる3大マッチがすべて変更されるという話は聞いたことがない。ボブ・オートンJrはのちにWWE王者となるランディ・オートンの父親で、前田日明が「（凱旋帰国後に）シングルでやってみたい」と熱望していた実力者で、マーティー・ジョーンズはカール・ゴッチの推薦で呼ばれたテクニシャン。蔵前国技館でタイトルマッチを戦うのに、決して見劣りする面子ではなかった。にもかかわらず、結局カードは変更されたのだ。これは、新日本が直近の流れをみて、この日、最も盛り上がるカードに変更したことになる。

はぐれ国際軍は前シリーズで、木村が猪木との髪切りマッチに敗退するも、髪を切らずに逃亡（1982年9月21日）。しかも、試合中に猪木の髪を切るという暴挙を犯しており、新日本側は木村に永久追放の処分を下していた。これを受け、東京スポーツに「ブッチャーが木村に接近」

という報道が出る。平成に入ってから、筆者はある会見で1時間早く会場に着いてしまい、東スポの記者とその日会見を行う選手が綿密に打ち合わせをする場面に出くわしたことがある。要するに、昭和の時代から東スポと新日本は昵懇《じっこん》であり、当初、蔵前大会のメインカードはブッチャーと木村がタッグを組む方向で動いていたのは間違いない。

ところが蔵前大会のおよそ3週間前の10月15日、テレビの生中継の試合に国際軍団が乱入し、浜口が「ブッチャーなんて関係ない！」とマイクアピール。実は、同年9月の木村が髪を切らず逃亡した試合で、猪木側の控え室にファンが殺到する騒動があった。ドアを破って控え室に入って来たファンは、ただ泣いているだけ。これは、猪木が国際軍団に理不尽な目に遭わされるのが猛烈に悔しく、それに対する抗議だった。この騒動を見た猪木は、国際軍団との抗争にブッチャーを絡ませる必要はないと判断。3人の純血メンバーと1vs3のハンディマッチで戦うことを決意したとしても不思議はなかった。

自らタイトル挑戦権を勝ち取った長州と小林邦昭

当時は「ぴあ」などのチケット流通網がなかったため、ポスターは対戦カードの告知という役割も担ってプレイガイドに掲示されていた。蔵前大会はシリーズの最終戦だが、開幕戦の10月8日にはポスターの製作も頒布も終了していたとされる。というのは、開幕2日前の10月6日に蔵前大会のカードを発表するも、そのカードはすでにポスターに掲載されたものから以下に変更されていたのだ。「10月22日の藤波vs長州の勝者にオートンが挑戦」「10月26日のタイガーvs小林邦昭の勝者vsマーティー・ジョーンズ」。なお、この日、メインについてはなんの発表もなかった。

シリーズ開幕戦の10月8日、長州は藤波に反逆(かませ犬事件)。10月22日の長州vs藤波の一騎打ちは、かませ犬事件以来の2戦目にもかかわらず、なんと試合開始直後から観客の「長州」コールが鳴り響いた。結果は無効試合も好勝負となり、試合後に、オートンが挑戦権を長州に譲ることがテレビ中継で発表された。これは、この試合の異様な盛り上がりを受けての変更だったことは明らかだった。

小林は10月22日のタイガーの試合に乱入し、26日の一騎打ちではタイガーに初のマスク剥ぎを敢行。この放送の視聴率はこの年初の20%越えを記録(22・2%)。前週の16・5%より5・7%もアップするという驚異的な熱狂ぶりだった。翌日、すぐさま蔵前大会での再戦を発表。この時、とくにマーティー・ジョーンズへの言及はなかった。

この蔵前大会のポスターを専門店で見つけた筆者は、珍しさから購入したのだが、店員に聞くと、意外な答えが返って来た。「いや、このポスター、かなりの枚数刷られてて、よく出回ってるんですよ」。

多くの人の目に触れながら、すべてのカードを変更した黄金期の新日本。機を見るに敏な剛腕ぶりが、新日本ブームをさらに盛り上げていったのだ。

小ネタ 1vs3の2週前のテレビ放送では、ラッシャー木村がマイクを持つも、レフェリーに制せられ、マイクを置く場面も。良くも悪くもいじられやすい対象だった。

第1回IWGPに参加を表明した〝2代目ブルース・リー〟の闇の顔

ジャッキー・チェンを弟子に持つ男

1981年2月19日、新日本プロレスは世界のプロレス界を揺るがす発表をした。それが「IWGP構想」で、世界各国の代表を集め、真の実力ナンバーワンを決めるというコンセプトだった。それゆえ、全日本プロレスから引き抜いたアブドーラ・ザ・ブッチャーやタイガー戸口（キム・ドク）の他にも、参加を表明する選手が続出。同年5月26日の新日本の大阪府立体育館大会に、なんと〝ブルース・リーの2代目〟を称する男が殴り込みをかけてきた。

チャーリー・チャン（チェンとされることも／陳恵敏）というこの男は、香港生まれの35歳。1971年と翌年、カンフーのアジア・フリースタイル格闘技大会を連覇したという。チャンは香港に道場を持ち、門下にジャッキー・チェンもいるという驚きの触れ込みだった。

会場でチャンは上半身裸となり、びっしりと刺青の入った肉体で猪木と新日本勢に対して演武を披露。さらに、「俺はムービー・スターではあるが、本来は格闘家だ！」と言い放つ。実際に『怒れ！タイガー／必殺空手拳』など、著名な香港映画に多々出演しており、その界隈ではすでに有名人だった。そして、この場に実際立ち合った猪木の返答はどうだったのか？
「ＩＷＧＰはプロレスの世界選手権だから、受け入れられない」
「迷わず行けよ」を信条とする猪木にしては珍しく、きっぱりと拒否。それでも食い下がるチャンに猪木は、「12月に格闘技オリンピックを考えているから、それに出てみては？」と提案。チャンも納得したが、この企画自体が実現することはなかった。

黒社会の有名犯罪組織「14K」のナンバー3

１９８３年、チャンは世界の一流格闘家が集まったという謳い文句の格闘技大会「世界精英搏撃大賽」で、日本のキックボクサー、森崎豪と対戦し、ＫＯ勝ち。実はこの年には日本の有名刑事ドラマ『Ｇメン'75』の続編『Ｇメン'82』に出演。頻繁に来日し、新日本キックの興行に出場するなど、意外にも真の実力者だった。だが、さらなる驚きが2年後に判明する。

１９８５年9月、チャンは麻薬密輸の容疑で逮捕。主犯格である暴力団「Ｉ」の幹部も同時に逮捕されるという、黒社会と深いつながりのある人間だったのだ。香港の有名犯罪組織「14Ｋ」のナンバー3まで登りつめていたという。

百戦錬磨の猪木は、危険を察知する能力も一流だった。

小ネタ 文中にあるように、70年代から80年代は、さまざまなカンフー&格闘映画がたしなまれたが、意外なことに、こちらに出演をしているのが坂口征二。「チャック・ノリスの地獄の復讐」（1982年。日本では劇場未公開）のラスボスとして登場。長髪が似合ってなかったが、内容はリング上同様のパワーファイトで、チャック・ノリスから、「力が凄かった」と撮影後の本音を引き出している。

「猪木舌出し失神事件」の猪木のウソに最初に気づいたのは梨元勝

「病院を自分で抜け出した」重傷のはずの猪木

「アントニオ猪木選手が試合中に倒れ、病院に運ばれました」

午後11時からのテレビ朝日のニュース番組『TVスクープ』の報道だった。1983年6月2日、猪木vsハルク・ホーガンで起こった「猪木舌出し失神事件」の夜だった。

この日、第一回IWGPリーグ戦の決勝戦が蔵前国技館で行われ、ロープ越しにアックスボンバーを食らった猪木は意識が戻らず、KO負けに。すぐさま東京医大病院に緊急搬送された。

重症のはずの猪木が事件当日の夜に「病院を自分で抜け出した」が、プロレスファンの間では定説になっているが、ではこれに最初に気づいた人物は誰だったのか?

それは、有名芸能リポーターの梨本勝だった。深夜、東京スポーツ編集部で、舌出し事件の対応に追われていた桜井康雄（編集局長）が、梨本からの電話を受けている。

「桜井さんですか? 今、猪木さんが奥さん（倍賞美津子）と一緒に、病院を出て行ってしまったのですが……」

実際、翌週発売の女性誌には、深夜、ランバンのスポーツタオルで顔の下半分を覆い、病院を抜け出す猪木の写真が掲載されていた。ところが、この事実は、当時、梨本が主戦場にしていたテレビで報じられることはなかった。報道されていれば、事実として広くファンに認知されていたはずだ。また、先の女性誌の写真記事も梨本とは関係なかった。

「その場で、僕が口止めを梨本さんに頼んだんです」

2015年、筆者が桜井を取材した際、この話を聞いてみた。

「梨本さんからの、一報を受けたとか？」

「うん、よく知ってるね。その瞬間、『猪木、やったな！』と思ったもんですよ」

そして、意外な事実を明かしてくれた。

「その場で、僕が口止めを梨本さんに頼んだんです。梨本さんは『わかりました』と、受け入れてくれましたよ。梨本さんは当時、（新日本プロレスを放映している）テレビ朝日のリポーターでしたし（『アフタヌーンショー』など）、酸いも甘いもかみ分けたベテランだから」

酒も入り、口も滑らかになっていた桜井に、無粋ながら聞いてみた。

「ご自身がスクープする気は？」「ない」と即答すると、桜井は笑って続けた。

「だって、秘密は共有しないと、面白くないじゃないですか」

プロレスマスコミとしての矜持と、その喜びをみた。

小ネタ この年の元旦、テレビインタビューにて古舘伊知郎に「初夢はなんでしたか?」と聞かれた猪木は「リングに這いつくばる夢でした(笑)」。猪木なら予告し兼ねない気もする。

藤原喜明の札幌テロ事件の12年前に長州が遭遇した本物の「テロ事件」

世に言う「黒い9月事件」

1972年の8月26日から9月11日の期間に行われたミュンヘン五輪に、アマレス代表として参加した長州力（吉田光雄）は、同僚がメダルを獲った9月4日の夜、祝宴で痛飲した。翌5日の朝、起きるとなぜか部屋には誰もいなかった。外に出ても選手村の大通りに人っ子一人いなかった。その瞬間、「俺をおいて、みんな帰っちゃったのかな？」と長州は思ったというが、事態はそれ以上に深刻だった。

この日の早朝4時40分頃、パレスチナのテロリスト組織がフェンスを乗り越えて選手村に侵入。イスラエル選手団宿舎に立て籠ったのだ。世に言う「黒い9月事件」である。5時半にはイスラエル選手から最初の犠牲者が出た。置いてきぼりにされた長州に、フェンス越しに声をかけてきたのは日本の記者だった。「ちょっと選手村の中の写真、撮って来てくれない？」と頼まれた。テロ集団が立て籠もっていた建物は、長州がいた宿舎の真ん前だったのだ。

長州は記者にカメラを渡され、シャッターの使い方も教わったが、テロリストは出て来ず、写真は撮れなかった。結局、長州は全選手が避難していた裏庭まで行き、ことなきを得た。これは、2015年9月9日、映画『フォックスキャッチャー』公開記念イベントで長州が語ったものだ。

「やるからには鶴田選手以上になりたい」

このテロ事件のせいかはわからないが、長州の五輪での成績は芳しくなかった。試合は大会3日目に早々と敗退していた。『真説・長州力』（集英社）では、「彼は、投げは滅法強い。でもディフェンスが弱かった」と日本代表コーチの鈴木啓三が証言している。

同じミュンヘン五輪のアマレスには、のちのジャンボ鶴田（鶴田友美）も出場した。高校からアマレスに専心していた長州と違い、鶴田は大学1年の後半からアマレスを始め、3年も経たずして五輪代表になった。その鶴田は1972年のミュンヘン五輪直後に全日本プロレスに入門。長州は翌1973年10月6日に新日本プロレスに入門し、この時、「やるからには鶴田選手以上になりたい」とコメント。しかし、この3日後、鶴田は早くも蔵前国技館大会のメインでインタータッグ王座に挑戦した（馬場&鶴田vsザ・ファンクス）。

長州は9年後の1982年に藤波との抗争でようやくブレイク。そして1985年11月4日、シングル戦で長州が初めて見せた技があった。それはアマレスで日本代表コーチに「滅法強い」と評された投げ技のジャーマンスープレックス。普段の頑健なファイトからは想像もつかない美しいブリッジだった。そして投げた相手は、他でもない、鶴田だった（60分時間切れ引き分け）。

小ネタ 鶴田戦以降、長州はジャーマンを多用するようになり、ライバルの藤波やストロング・マシンも同技で投げている。

長州の「かませ犬事件」直前のメキシコ遠征は運転免許取得が目的

「かませ犬事件」で人気が爆発

日本のプロレス界に革命をもたらした一人、長州力。1982年の「かませ犬事件」で藤波辰爾に反旗を翻し、維新軍（当初は「革命軍」）として抗争を始めると、日本人vs外国人の戦いが定番だった リング上は日本人同士の抗争が主流になる。

それまでもヒロ・マツダを中心とする「狼軍団」や、ラッシャー木村が率いる「はぐれ国際軍団」があったが、それらはあくまでヒールとしての立ち位置だった。しかし、維新軍はヒールではないうえに、本隊に負けぬ人気を誇っていた。それこそ、かませ犬事件で、〝エリート〟藤波に一矢報いた〝雑草〟という図式を強く訴えたことで人気が爆発した。

何度か行われた藤波vs長州のある日の試合前、テレビ中継で観客に「どちらが勝つか？」という会場前インタビューが行われたことがあった。「藤波ー！」と元気よく答える子供たちの映像の次に流されたのは、くたびれたネクタイ姿のサラリーマンで、長州ファンの男性だった。

「長州に、勝ってほしい。なんとか……」

あたりはすでに暗くなっていた。仕事を終え、長州の応援のためにこの男性は急いで会場に駆けつけたことが推察できた。大人のファンをとらえる、長州の人生があった。

メキシコの運転免許はお金を出すだけで取れる

当時（1982年）は、初代タイガーマスクのデビューから2年目で、猪木ははぐれ国際軍団と抗争中。新日本プロレスは大ブームとなっていた。同年の6月18日から7月8日まで、全19会場で行われた「サマー・ファイト・シリーズ第1弾」では、なんと全会場で満員マーク御礼がつく快挙を達成した。

そんな時期、長州はかませ犬事件の直前までメキシコ遠征に行かされていた。これ自体、新日本から「いらない」と言われていたも同然だった。そしてメキシコ時代の長州に関する当時の記事には、「境遇への不満は募り」「くすぶり続ける毎日」といった言葉が並んだ。その鬱屈がゴム風船のようにふくらみ切った時に長州は帰国。そして破裂寸前だった鬱屈がバチンと弾け、「かませ犬」発言が飛び出た、とされている。

長州は、講演会やトークショー、ファンの集いといったイベントをとことん嫌がるので有名だが、これらのイベントでは当然、かませ犬発言時代の裏事情に質問が向けられることになる。長州が珍しく、鬱屈のメキシコ遠征について語ったのは、1986年11月15日、関西学院大学で行われた講演会でのことだった。

司会の学生が「なぜ、メキシコ行きを決意したのですか?」と質問すると、長州は「ああ、(手をハサミの形にして最前列にいたプロレス・マスコミに対して)切っておいてくれよ。……車の免許を取りに行ったんだよ。30分くらいで取れる」と答えた。

長州によると、メキシコの運転免許は、日本のような研修や実技試験はなく、発行所に並んで、お金を出せば取得できるという(国際免許証だが、日本で日本の免許証に切り替えが可能)。プロレスの話を積極的にしたがらない長州だけに、この話は一種の照れ隠しとも思えた。しかし、後年、筆者がグラン浜田にインタビューをした際、当時メキシコを拠点にしていた浜田は、「あの時は長州、車の免許、取りに来てたんだよな」と証言。長州の免許証発言の裏づけとなった。

目が笑ってなかった講演会での長州

この講演会自体、その後もプロレス的な配慮なしの発言が続いた。「(講演会の半月前にデビューした)輪島(大士)選手については、どう思われましたか?」(学生司会者)。「ウン、手遅れだね」(長州)。「全日本プロレス入りした、琴天山(ジョン・テンタ)選手については?」(学生司会者)。「ああ、アレはもっと手遅れだね。髪も薄いけど、中身も薄いぞ、ありゃ(笑)」(長州)。そして、長州から学生司会者に質問を切り出した。

「ねえ? そんなにプロレスの話するの、好き?」

長州の目は笑ってなかった。明らかにプロレスの話が嫌そうだった。

そんな長州が、唯一、この講演会でプロレスについて熱弁を振るった瞬間があった。それは聴衆から、当時としてはかなり思い切りのあるこんな質問が飛んだ時だった。

「この間の全日本プロレスの試合で、くだらない流血試合（講演会での表現ママ）があったんですけど、ああいうの、どう思われてるかな？と思うんですが……」

当時、10代前半だった筆者は、実はこの質問の意図するところがよくわからなかったのだが、長州の力強い答えは覚えている。

「だからね。僕らはそういうのをなくすために、やってるんです！」

結局、長州のメキシコ遠征は、革命につながるような鬱屈は微塵もなかった、というのが真実だった。そんな免許を取得しただけの長州に、藤波への反逆を炊きつけたのは猪木だったとされる。これについて、筆者は猪木への取材でさりげなく聞いてみたことがある。猪木の答えは今思い返してもさすがだった。

「大事なのは誰が考えたのかじゃなくて、長州がその流れをうまく活かしたこと」

猪木が与えてくれた流れに乗った長州は、真正面からの全力ファイトで、しっかりと観客の心をつかんだ。日本人抗争を定着させた大功労者は、やはり長州だったのだ。

小ネタ なお、本書後半に出て来る中村祥之氏が1987年、プロレス界で最初に就いた仕事は、長州の運転手係だったそうだ。

ニュース番組で「世界最強のレスラー」と報道されたブロディ

新・両国大会にふさわしいカードがない

1985年3月19日23時15分からのテレビ朝日『ANNスポーツニュース』内で以下のように報道があった。

「世界最強のレスラー、ブルーザー・ブロディの新日本プロレス移籍が、このほど正式に決定いたしました」

テレビ朝日といえば、『ワールドプロレスリング』の放送局であり、新日本の株主（現在の持ち株比率は10%）。よってテレ朝の新日本への肩入れは不思議ではない。大事なのはブロディを〝世界最強〟とニュース番組が断定し、実際に新日本の窮地をブロディが一時的に救ったという事実だろう。

新日本は前年11月、日本相撲協会に、翌年1月より稼働する新・両国国技館の使用を申請。希望日は2月7日だったが却下され、この時期の新日本のシリーズは、2月5日に名古屋、2月6日に大阪でビッグマッチが行われるも（カードは藤波vsハルク・ホーガン、猪木vsキングコング・

バンディの2連戦）、東京での大会場使用がないという、しっくり来ない興行日程になっていた。

再度の申請で4月18日に使用許可が降りたが、すでにライバルの全日本プロレスが新・両国の使用を3月9日に決めており、「プロレスでのこけら落とし興行」という売りは奪われた。全日本は初来日となるザ・ロード・ウォリアーズをメインにし、大変な話題を呼んでいた。新日本の両国大会はそれと比較されることになる。両国使用の決まった2月下旬、坂口征二は集まった記者に聞いた。

「なにか、妙案はない？」

国技館で行うにふさわしいカードがなかったのだ。猪木vs藤波や猪木vsラリー・ホームズ（ボクシング元WBC世界ヘビー級王者）などのカードが記者から挙がったが、猪木vs藤波は、いかにも困った時のカードという身内対決。猪木vsホームズの異種格闘技戦はあまりに唐突だった。

経営的に窮地に立たされていた当時の新日本

結局、注目のカード発表は3月10日になったが、その直前、マスコミに通達があった。「両国国技館大会のカード発表は、3月21日の後楽園ホール大会後まで延期」。この時、ブロディを新日本に上げられるという目算がついていたのだろう。なお、ブロディの主戦場だった全日本での最後の試合は、3月14日に行われたブロディ&ラッシャー木村&鶴見五郎vs馬場&鶴田&天龍。ブロディと木村、鶴見との連係も悪くなく、ドロップキックを見せたり、天龍の延髄斬りを受けるシーンもあったが、ブロディはすぐにタッチをするなど、出番自体が少なかった。しかも試合終盤には控え室に帰ってしまうという、いま思うと〝腑に落ちすぎる〟行動を見せている。

ブロディは冒頭のニュース報道の2日後、新日本の後楽園ホール大会にスーツ姿で登場。手にはバラの花束を携えるという粋な演出だった。

このバラをブロディの登場直前、バックヤードで手渡したのが、当時新日本の営業だったAさん。ブロディはニヤリと笑ったという。「花束のアイデアは上からだったんですが、僕は営業でしたから、これからは『ウチにブロディが来ますよ！』と取引先に言えるんだと思うと、もう、うれしくてね」（Aさん）。新日本は、84年9月に長州力一派が離脱したことで、地方の興行は大苦戦し、営業的に窮地に立たされていたという。

宮藤官九郎がこだわった猪木vsブロディ

両国大会のメインはもちろん猪木vsブロディ。当時あったプロレス専門誌『ビッグレスラー』が、この両国大会の1年前に行った「夢の対決」を挙げるファン投票で、馬場vs猪木、鶴田vs藤波を抑えて1位になっていたのが猪木vsブロディだった。注目のこの一戦を生観戦していた高山善廣はこう振り返っている。「（飛ばし記事が魅力の1つだった）『週刊ファイト』がこのカードを予想してたね。本当ならすごいことだよなと思ってチケットを早めに買ったら、当たってた（笑）。いい席で観れましたよ」（高山は観戦当時19歳）。

猪木とブロディはこの年、海外も含めると6度もシングルで対戦。間違いなく、この年の核の抗争になっていた。

2021年1月22日、TBSで猪木vsブロディの映像が流れた。プロレスをモチーフにした連続ドラマ『俺の家の話』のワンシーンで、幼少期の主人公が、1985年10月31日の猪木vsブロディ6度目の一騎打ちを観て、ブロディに憧れるという設定だった。ブロディの試合なら、日本テレビの全日本の映像もあるはずだが、このドラマの脚本の宮藤官九郎は当時15歳で、猪木vsブロディの印象が強くても不思議ではなかった。

多くの人々が大きな期待を抱いてブロディを新日本に迎え、夢を見た。冒頭のテレ朝の報道が「世界最強のレスラー、ブルーザー・ブロディ」と称したことは、その最たる現れだった。

小ネタ 文中にある後楽園ホールでの猪木との初遭遇で、「猪木の目に、バーニング・スピリットを見た」とブロディが言うと、6月のシリーズ名が「バーニング・スピリット・イン・サマー」となるなど、影響は多岐に渡った。

猪木vsブロディ初対決・1985年4月18日・
両国国技館

前田が「長州顔面蹴撃」の常習者だと判明した若手時代の長州戦試合映像

メキシコ遠征を拒否して前田は新日本を解雇

前田日明による「長州顔面蹴撃事件」といえば、前田が新日本プロレスを解雇され、第二次UWFを旗揚げする一因となった歴史的な出来事。1987年11月19日、長州力と6人タッグで対戦した前田は（長州&マサ斎藤&ヒロ斎藤vs前田&木戸修&髙田延彦）、木戸相手にサソリ固めに入った長州の背後から近づき、顔面をキック。長州は右目を眼窩底骨折した。「目を狙うなど、ルール無視の蛮行」と非難を浴びた前田は、冷却措置としてメキシコ遠征を打診されるが、折り合うことができず、新日本を解雇された。

前田の言い分は、当初から一貫していた。「全日本プロレスで天龍さんと輪島さんが生で殴って蹴り合う、凄い攻防をしていた（天龍革命期）。このままではこちらが負けてしまうと思って」。そんな前田がハードな蹴りを叩き込んだ相手が、タフな長州だった。後年、「蹴るよという合図に、長州さんの肩に手を置いたんだけど、長州さんが蹴りを避けようとして横を向いてしまった分、つま先が目に当たってしまった」と前田は分析もしている。

1983年の「長州顔面蹴撃」

前田にとっては、あくまで想定内の攻防だったという主張だが、筆者は前田の真意がわかる貴重な映像を入手した。1983年9月22日、東京・福生市で行われた2人が対戦したタッグマッチ映像である（前田&星野勘太郎vs長州&アニマル浜口）。

試合中盤、長州が星野にサソリ固めをかけると、前田がリングイン。長州に背後から近づく。嫌な予感がする。そう、その通りとなったのだ。

前田が長州の顔面めがけ、思い切りハイキックを見舞ったのだ。しかも合図として肩も叩かず。しかし、長州は、直前で上体をツイスト。前田の蹴りはこの時、長州の左肩のすぐ下の腕に当たった。テレビ解説の山本小鉄は、「（あそこは）腕のいちばん痛いところなんですよね」と実況。結局、前田にとって、1987年の顔面蹴撃事件は、昔からの普通の攻防をしただけだったのだ。

後年、ヒロ斎藤にインタビューした際の、この事件に対する見解で本稿を締めたい。

「顔面蹴撃の事故？　なんとも思わなかった。だってあんなの、メキシコじゃよくあることですよ」

前田も新日本に打診されたメキシコ遠征を、受けておけばよかったのかもしれない。

小ネタ ちなみに、顔面襲撃の日にデビュー予定だったのが鈴木みのる。酒の席の騒ぎでこのデビューは延期も、もしこの日デビューなら何かと因縁付けて語られていただろう。

ケンカでドロップキックを使うプロレスラーを古舘伊知郎が目撃

マスカラスの「ドロップキック22連発」はウソ

プロレスの代表的な飛び技であるドロップキックにまつわる逸聞は多い。ドン荒川が、アマレスの試合でドロップキックを行い、反則負けになったというエピソードは鉄板ネタ。ラッシャー木村は、１９８４年9月11日の後楽園ホール大会で5年以上ぶりにドロップキックを披露。すると、その日一番の大歓声が起こったという。木村のドロップキックがここまで盛り上がったのは、さまざまな困難を抱えたまま、新日本プロレスを離脱した選手を中心に結成された第一次ＵＷＦの興行だったことも大きいだろう。

「ドロップキックの最多連発記録は、１９６９年6月15日、ロサンゼルスで、ミル・マスカラスがザ・デストロイヤーに見舞った22連発である」という伝説もある。ところが、調べてみると、この日にマスカラスが試合をした記録はないし、デストロイヤーはミネソタで別の選手と戦っていた。伝説がつくり話だったことは残念だが、ドロップキックは、都市伝説を生むほどプロレスの代表的な技だという証明となる。

ヤクザ30人とのケンカでドロップキック

驚くことに、このプロレスの代名詞的な技を、実際のケンカに使ったレスラーがいた。かつて『ワールドプロレスリング』の実況アナとして新日本の巡業に帯同していた古舘伊知郎が、フジテレビのトークバラエティ番組『第4学区』で以下のような証言をしている。

「九州の巡業で（その筋の）○○○風の男たちと揉めて、選手が泊まってるホテルのロビーまでやって来たの。30人くらい。『レスラーみんな出て来い！』と。そしたらジョージ高野も出て来てたんだけど、びっくりしたよ。ドロップキックやってるんだもん！　ケンカで使われるの初めて見た。床が大理石で、背景は観葉樹だった（笑）」

大変なことになったと思った古舘は、階上に猪木を呼びに行く。猪木は呆れながら、ロビーへ降りていくエレベーターの中でこう語ったという。「大丈夫ですよ、古舘さん。僕が冷静に話をつけますから。まったく、こういう時、若いヤツは駄目ですね……」。そしてエレベーターが開いた瞬間、暴徒の1人が乗り込んで来ると、猪木は「この野郎っ!!!!」と叫び、男をスリーパーに極めて、そのままエレベーター内で締め落とした。猪木の参戦で騒動は収まり、古舘が冷静に話をつけるはずの猪木にその言行不一致を問うと、猪木は、「いやあ、ついつい（笑）」と冷静に答えたという。

やはり最後は猪木が持ってくことを古舘はあらためて思い知ったかも知れない。

小ネタ ちなみに、船木誠勝は新日本若手時代、ドロップキックで相手のアゴを骨折させている。1986年7月31日。相手の畑浩和は勝利も、その後、欠場。

猪木が「延髄斬り」を直接伝授した唯一の人物はあの空手家

着地が難しいジャンピングニーパット

プロレス界において得意技を後進に本人が直接伝授するという行為は、そうあるわけではない。昭和の時代には「先輩のフィニッシュホールドは真似するな」という暗黙の了解があった。それゆえ、「試合は第一試合から、できるだけ観ておくように」と上から指示されることもあったという（武藤敬司や蝶野正洋談）。それは、「他の選手の試合で出た大技は、できるだけ使わないように」というお達しでもあった。こうして、若手時代は、基本技のみを修練し、ランクがアップすればオリジナルホールドを考えるようになるわけだ。

選手の代名詞レベルの技を伝授された例としては、ジャンボ鶴田からジャンピングニーパットを継承した秋山準が有名。実は当てたあとの着地が大変難しい技で、使い手の少なさからもそれはうかがわれるだろう。鶴田本人から使用許可を得ているのがしっかり者の秋山らしいところだ。ちなみにこの秋山の心の名勝負であり、1年に一度は観返していたのが、1990年4月13日にWWF、全日本、新日本の共催で行われた東京ドームでの鶴田&キング・ハクvsカート・ヘニング&リック・マーテル。秋山は、「オー！」を連発して大観衆を沸きに沸かせた鶴田の姿に、パワーをもらっていたという。

相手の後頭部を切り落とすのが猪木の延髄斬り

延髄斬りを猪木から直接伝授されたのが、意外にも佐竹雅昭。この経緯が面白い。2000年11月30日、当時、「猪木軍」の一員として猪木の所有するパラオの島に渡った佐竹は、猪木独自の槍特訓をすることに。猪木が長い槍で突いて来るのをかわすというトレーニングなのだが、敏捷性がなければならず、藤田和之などは、これだけで息が上がっていた。

ところが佐竹は予想外の行動に出た。迫りくる槍の首に手刀やヒジや回し蹴りを合わせ、その軌道を逸らしたのである。その動きに感心した猪木は、「これは初めて教えるんだが……」と佐竹に延髄斬りを伝授。自ら古タイヤを持ち、佐竹に蹴りを当てさせ、厳しく指導をした。

「ポイントは、天龍の（延髄斬り）は、足を伸ばして叩く感じ。俺のは空中でいったん止まって、ヒザ下で相手の後頭部を切り落とすイメージなんだよ」（猪木）

槍特訓で多様な足技を見せた佐竹に、猪木は可能性を見出したのだろう。

直接の伝授はなかったが、飯伏幸太がフェニックススプラッシュを披露した際の、創始者のコメントを紹介しておきたい。

「すごく嬉しいです。自分の技は生き続けるわけだから」（ハヤブサ）

小ネタ 延髄斬りの初公開は、1976年6月20日の、モハメッド・アリ戦に向けての公開スパー。受けたのは木村健悟だった。

日本語がしゃべれない設定だった初代タイガーマスクの日本語解禁日

スペイン語で話しかけてくるファンにはスペイン語で

80年代の新日本プロレスブームを牽引した初代タイガーマスクのデビューは1981年4月23日（蔵前国技館。vsダイナマイト・キッド）。先立つ3日前の4月20日より、テレビ朝日で始まったアニメ『タイガーマスク二世』との連動企画だった。以下は伝説のデビュー戦を報じる月刊誌『プロレス』（同年6月号）の記事である。

「このマスクマンの正体だが体の大きさ、カンフー技、イギリス仕込みのキッドと途中ロビンソンばりのバックの取り合いを見せたことから考えて、メキシコからイギリスに渡った佐山サトルらしいが、さて正体はいかに？」

ご丁寧に誌面には佐山とタイガーの写真が並べられてもいた。このようにタイガーの正体は、専門紙誌では最初から公然の秘密とされる一方、芸能誌の切り口はあくまで一般読者向けだった。「仮面をはぐ‼ タイガーマスクは23才の日本人だ！」（『週刊明星』同年9月24日号）、「いま全マスコミが注目するナゾの男（タイガーマスク）」（『平凡パンチ』同年9月28日号）。『週刊明星』

でインタビューに答えたタイガーは「23才の日本人です」「高校を中退して新日本プロレスに入った」と答え、『平凡パンチ』はマスクを外した後ろ姿を撮影している。

これがテレビとなると、正体は完全不明の前提となる。デビューから1年以上が経った1982年5月14日放送の『ワールドプロレスリング』では、タイガーがテレビ解説席に登場（内容は前日の沖縄・奥武山体育館大会の録画中継）。タイガーは4月24日にダイビングプレスの着地に失敗し、右ヒザじん帯を損傷。まったく動けなくなり、4月27日の埼玉・秩父市民体育館大会では、試合で逆水平チョップ2発しか披露できず、あとはやられっ放しという惨状に（タイガー&グラン浜田vsペロ・アグアヨ&ホセ・ゴンザレス）。

結局、5月1日から欠場となり、解説席に座ったわけだが、カメラに抜かれたタイガーは、両手を合わせ、欠場を平謝りするアクションをするばかり。実況の古舘伊知郎が説明を被せる。「タイガーは、英語とスペイン語しかできないということで……」

いま観返すと、その古舘の日本語でのフォローにタイガーがうなづくリアクションを取った時点で、日本語は理解できていたわけだが、日本語が話せないと信じた視聴者は多かっただろう。それは当時のプロレスファン、とくにタイガーマスクのファンは小学生が中心だったからだ（ちなみに初代タイガーに憧れた桜庭和志は当時12歳）。書店で雑誌を立ち読みする機会はあっただろうが、当時、専門誌は月刊の『プロレス』『ゴング』の2冊のみ。しかも、この2誌はすぐに売り切れるほどの人気があった。

『東京スポーツ』などのスポーツ紙を買う行為は、アダルト面があったため未成年にはハードルが高すぎた。大多数のファンはテレビでしかプロレスの情報を得ることができず、テレビ主導で進んでいた時代だったのだ。タイガーも、この〝国籍不明〟キャラクターを演じ、スペイン語で話しかけてくるファンには、しっかりとスペイン語で応対していた。

タイガーの日本語を受け入れていった子供たち

翌1983年4月5日放送の『ワールドプロレスリング』（4月3日の蔵前国技館大会の録画中継）で状況は一変する。首の負傷で欠場していたタイガーは、ライバル、小林邦昭と初代ブラックタイガーの一騎打ちの解説で中継に出演。そして、流暢に言い放った。

「ええ、ええ。はい。はい。とにかく（僕も）首がまったく動かない状態でしてね〜」

日本語だった。その是非はともかく、タイガーは英語とスペイン語しかしゃべれないと思っていた子供たちも、自然に、あるいは否応なく、タイガーの日本語を受け入れていった。

ところで、テレビ主導といえば、デビューから約4カ月ほど、タイガーのサイン会は、「タイガーマスク二世サイン会」と銘打たれていた。テレビ的には、初代タイガーはあくまでアニメ『タイガーマスク二世』のキャラだったのだ。コスチュームも、デビュー当初はアニメに出て来る「二世」をトレースしたデザインのものだった（のちに新間寿が原作の梶原一騎に「二世は取りましょう」と進言し、「佐山くんがやり続けるなら」と変更を快諾）。

アニメ『タイガーマスク二世』は、タイガーがデビューして9カ月後の1982年1月に終了。原作マンガはその後も続き、1982年7月から発売された講談社のKCマガジンコミックス(全4巻)は、すべての表紙にタイガー本人の写真が使われていた(1巻より順に、ブラックタイガーにローリングソバットをするタイガー、ブラックタイガーにラウンディングボディプレスをするタイガー、猪木とタイガー、コーナーポストに立つタイガー)。アニメのタイガーを、現実世界の初代タイガーが上回った瞬間だった。

小ネタ タイガーマスクは1983年5月、原作者・梶原一騎の逮捕により、リングネームを変えることに(フライング・タイガー、スペース・タイガーが予定)。こちらを当てるクイズも公募され、その際の古舘のコメントは「学校の宿題と並行して考えていただきたいと思います」(8月5日放送分)。やはり子どものファンを意識したものだった。

初めて「金返せ」コールが起こった試合

ゴールデンタイム放送で起こった事件

『アントニオ猪木、藤原喜明、前田日明』という、今思うと衝撃的なトリオが実現していた。1984年2月9日、大阪府立体育館大会のメインでのことである（※テレビ放送は同年2月24日）。長州力、アニマル浜口、谷津嘉章を相手に、藤原がやられると前田が頻繁に助けに入ることに、道場の師弟の絆を感じさせるのだが（試合は藤原の流血により、谷津のレフェリーストップ勝ち）、試合中、このトリオ編成の経緯について、実況の古舘伊知郎がほのめかした。「藤波が猪木とのタッグを拒否しているという情報がありまして……」。その断絶を起こしたのが、まさに表題の事件だった。日時は、1984年の2月3日、場所は札幌中島体育センター。カードはWWFインターナショナルヘビー級選手権、王者、藤波辰巳vs長州力。そう、藤原喜明による、〝雪の札幌テロ事件〟である。

挑戦者の長州が先に入場。すると、入場路の中腹に人だかりが。古舘アナと解説の山本小鉄のやり取りが被る。「山本さん。今、ちょうど、何か……ファンとのトラブルがあるみたいですね。（※坊主頭がのぞく）おっ!! 藤原喜明ですか!?」「藤原ですね!!」

入場する長州を、藤原が襲撃し、場内は早くも大混乱。長州は額から流血し、息も絶え絶えに入場。リング上では盟友のアニマル浜口がマイクで「なんだコラ！ なんだコラ！」と叫ぶ。王者、藤波はトランクス姿のまま走って入場。長州と接触するが、反撃の余力のない長州に戸惑い気味。うち、セコンドに分けられると、手負いの長州は、もう、正体をなくした様子で、仲間の寺西勇や小林邦昭に殴りかかる。

だが、これ以上に怒りを露わにしたのが藤波だ。リング内に入った山本小鉄に張り手、さらにボディスラム。入って来た坂口征二の胸にもチョップし、凄む。場外に降りるとリング下にあったトイレットペーパーを投げ入れ、虎の子のWWFインターのベルトも投げてしまう。更にまた、坂口の胸を突き、気遣おうとする星野勘太郎を振り払う。その様態に、ゴールデンタイムでは初めて聞くファンのコールが起こった。

「金返せ！ 金返せ！ 金返せ！ 金返せ！……」

1980年代初頭の、ファンの狂騒ぶりが凄まじかったのは確かだ。リングに紙コップやトイレットペーパー、さらには生卵（※アドリアン・アドニスに命中した1発が有名）が投げ込まれるのは珍しくなかったし、1983年4月21日の蔵前国技館大会では、ファンの投げた乾電池が別のファンに当たり大怪我となる事故に。しかし、この「金返せ」コールについては、やむをえない感もあった。藤波vs長州と言えば、〝名勝負数え唄〟として知られる黄金カードだったし、他に、猪木、前田vsホーガン、アイアン・マイク・シャープや、ダイナマイト・キッドvsデイビーボーイ・スミスの従弟対決もあったが、大多数のファンの楽しみがこちらにあったのは間違いないからだ。プラス、やるせない思いを表出させた藤波の姿がファンの憤怒を助長した感も否めなかった。プロレス史的に見ると藤原がブレイクした事件で間違いはないのだが、リング上は完全に、怒り狂う藤波vs新日本本隊との様相だったのだ。肝心の藤原がこの時、リングにも上がらず、長州を襲うとさっぱり姿を消していたこともあったと思う（そのあたりも藤原のクレバーさだが）。藤波がこの後、「こんな会社、辞めてやる」と上半身裸でタクシーに飛び乗り宿舎に帰ってしまったのは有名だが、放送内ではこちらもサイドリポートで補完しており、出血多量の長州が病院に搬送されることより、藤波が会場を去るのが早かったという（なお、試合結果は「試合不成立」）。

背後には猪木がいたのか

この場で、藤原の長州へのテロ襲撃、及び藤波vs長州の中止が起こった理由の1つは、主催者にある。この日のこちらの主催者『新日本プロレス興行』は、前年8月、新日本にて社内クーデターを起こした一派である大塚直樹氏が興した興行会社であり、猪木がこちらの大会をぶち壊しにするために動いたというのが定説だ。これについて大塚氏本人に2015年7月、話をうかがうと、「うん、それはあったと思いますけど、僕と猪木さんは、仲悪くなかったんですけどね。ただ、猪木さんの友人がやってた『人間可能力開発センター』というのに行かされたり。そこでは2泊3日で、お互いがお互いの悪口を言い合うという……」。同席していた新間寿氏がうなずく。「猪木はそういうの好きなんだよね。『オーセンティックマネジメント』って本読んで、『罵倒し合うことで、人はより理解し合える』と力説してて。でも、実際は、仲が悪くなったのを観て、猪木は楽しんでるんだよ（笑）。坂口さんと小鉄ちゃんとか」。海千山千の両者ゆえ、この札幌の騒ぎについても、口角泡を飛ばさず、ハプニング好きの猪木のした火遊びとして受け流してる感が強かった。

ところで、この大会のメインの猪木組vsホーガン組が猪木の勝利に終わった後、またコールが聞こえて来た。「金返せ！ 金返せ！」加えてこんなコールも。「長州！ 長州！」。数試合挟んだだけで、消えるような怒りではなかったのだ。それは藤波も含めて。

小ネタ この日のテレビ放送のオープニングでは、札幌雪まつりを新日本勢（猪木、藤波、木村、前田、コブラ、高田）が行脚する模様が流れ、前田のジャンパーを藤波が脱がそうとするなど、和気あいあいとした雰囲気だったのだが……。

テレビの生出演に間に合わせるため猪木は試合後にヘリコプターで移動

タクシーでの移動代も半端なかった猪木

アントニオ猪木の移動にヘリコプターが用いられたことがある。新日本プロレスブーム真っ只中の1983年9月22日、猪木は午後10時からテレビ朝日のスポーツ番組『速報！ＴＶスタジアム』に生出演。しかし、この日は東京・福生市民体育館で試合があった。同じ東京都ながら最寄りの福生駅からテレビ朝日のある六本木には、現在でも電車で1時間半弱かかる遠距離だった。そのため、試合終了次第にヘリで移動することに。

猪木はメインで藤波と組み、ディック・マードックと組んだトニー・セントクレアを16分46秒で下すと、午後9時10分過ぎ、ヘリに乗り込み、午後9時45分にテレビ朝日に無事到着した。

このヘリの移動費はもちろんテレ朝持ちだったが、同時期、これ以上のダイナミックな移動を猪木は自費で行っていた。『週刊文春』（1983年10月27日号）の対談取材で「最も費用がかかること」を聞かれた際、猪木はこう答えている。

「私は圧倒的に治療費がかかりますね。マッサージ代とか矯正代とか（中略）。治療のためには夜通し車で飛んで行ったりします。ある時には九州のほうにいい先生がいて、そこに飛行機でポンと行くとか。プロレスラーは体が商売道具ですから、有名な先生には移動費に十万円払ったって治してもらわなきゃならん時があるし、百万円払ったって、体を動かしてもらわなきゃいけない時があるんです」

体の治療のために、猪木が高額な移動費を惜しみなく払った事例がある。1983年9月9日の熊本大会を終えた猪木は、翌朝5時に宿舎で目覚める。すると背中に激痛が。すぐさま猪木はタクシーをぶっ飛ばして、大分県の高木綜合治療院に直行。その距離、約120キロ、時間にして2時間。午前8時前に懇意にしている同院の医師を起こして施術を受ける。昼12時に出発。タクシーでこの日の試合会場、山口県宇部市俵田翁記念体育館に直行。到着は午後5時。関門海峡を渡る約180キロの道のりだった（この日の猪木はメインで坂口征二&前田日明と組み、マードック&セントクレア&バッドニュース・アレンと対戦し勝利）。スーパースターは日々のコンディション維持のためには出費を惜しむことはないのだ。

ところで猪木の出費といえばアントンハイセルなども副業が有名だが、タイガー・ジェット・シンが、猪木と自分の人生を振り返って、こんな言葉を残している。

「俺の勝ちだろ。俺は副業でも成功してるから（笑）」（2010年12月3日）

小ネタ シンは70年代よりエビの養殖業や鶏卵ビジネス、土産物店の副業を展開し、大成功。資産は90年代半ばに50億円を越えてからもう数えておらず、マイ・ヘリコプターも所有しているとか。

棚橋、初プロレス観戦デートで男らしい試合をした中西学に苦言

彼女と観たノートンvs中西のＩＷＧＰ戦に「がっかり」

プロレスラーに「初めて生で観たプロレスの試合」を聞くのは面白い。有名なのは天龍源一郎が力士を続けるかどうかの時期に生観戦したテリー・ファンクvsジャンボ鶴田（1976年6月11日）。普段は本場所が行われる蔵前国技館で、颯爽と笑顔で入場するテリーの姿に、相撲にはない明るさを感じ、「プロレス、やってみよう」と決めていた。

きわめて意外なのは佐野巧真。地元の北海道に新日本プロレスが巡業に来た際、試合前に入門テストを受け合格したのだが、なんとプロレス観戦はおろか会場に行くこと自体、それが初めてだったという。のちに佐野が付き人を務める藤波辰爾が初のプロレス観戦で、リング上でなくセコンドや若手の動きばかり観ていた玄人ファンぶりとは大きな違いだ。もとより藤波はプロレス入りしか考えておらず、「もし、自分が入団したら、どんなことをしなければならないのだろうか？」という気持ちで観戦したという。

プロレス初観戦に関して、なんとも悩ましい思い出を語ってくれたのが棚橋弘至だった。それ

は、立命館大学4年生時の12月のこと。棚橋はすでに新日本の入門テストに合格しており、あとは卒業を待つばかりになっていた。そのタイミングで、当時付き合っていた女性を初めてプロレス観戦に連れて行った。当然、彼女にもプロレスを好きになってほしかった。

１９９８年12月4日、会場は大阪府立体育会館で年内シリーズの最終戦。メインは当然、ＩＷＧＰヘビー級選手権で、王者のスコット・ノートンに中西学が挑んだ。結果は7分53秒、高角度パワーボムからのフォールでノートンの勝利。タイトルマッチにしては異例の短時間マッチだった。

観戦した棚橋に感想を聞いた。

「あれ、本当に、がっかりしましたね～（苦笑）」

この試合をテレビで視聴した筆者は応じた。

「短かったけど、いい試合でしたよね、パワフルで……」

棚橋はきっぱりと返した。

「いや！ どう考えても、女性向けではありません！（笑）」

ちなみに、この試合が中西のＩＷＧＰ王座初挑戦。その後、長きにわたりＩＷＧＰ王座と縁がなかったのは知られるところだが、２００９年5月、デビューから16年半、初挑戦から10年半で、中西はＩＷＧＰヘビー級王座を奪取した。

その時、中西が破った王者は棚橋だった。

小ネタ 戴冠直後の中西は、交流のあったNOAHについて聞かれ、「いつも気が早いことばっかで、失敗ばかりしてるから」とノーコメント。観客は爆笑していた。

蝶野vs大仁田の電流爆破マッチは最初の3分間、電流が流れなかった

「だから長州、俺は大嫌いだよ！」

大仁田厚がよく言う自賛がある。「俺とキース・リチャーズだけの快挙」。なんのことかと思えば、喫煙厳禁の東京ドームで、タバコを吸った男だという。たしかにローリング・ストーンズのキース・リチャーズは、東京ドームのステージ上でタバコを吸っていたし（ギターの指板と弦の間に吸いさしを挟んでいた）、大仁田は1999年4月10日、蝶野正洋とのノーロープ有刺鉄線電流爆破マッチの入場でタバコをプカプカ。大仁田の喫煙は事前予告され、主催の新日本プロレスの手を煩わせる周到な駆け引きだった。

大仁田の入場時、新日本は畳半畳ほどもある水の張った巨大灰皿を用意。それを花道下の係員が押しながら並走した。吸い殻をこれで回収しようと言うわけだ。ところが大仁田はタバコを吸い終わると、ポケットから自前の携帯灰皿を出し、吸い殻をそちらに捨てた。係員の努力は徒労に終わった。

この電流爆破マッチにはもう一つ予想外のことがあった。「最初はレスリングを見せたい」と

いう蝶野の要望で、試合開始から3分間は電流を入れないという特別ルールが採用されていたのだ。実際、最初の3分間は純粋な技の攻防が行われ、蝶野は羽根折り固め、大仁田はヘッドロック、DDTなどを見せた。

ちなみに、この東京ドーム大会に上がった際の大仁田のギャラは1試合1000万円（同年1月4日の佐々木健介戦も1000万円。ザ・グレート・ニタとしてザ・グレート・ムタと戦った神宮球場での時限爆弾マッチは800万円。すべて本人談）。さすがの高額ギャラだが、試合を盛り上げるための会見やパフォーマンスは、すべて大仁田が自腹で行ったという。試合に向けて自ら盛り上げていく意気込みで高額ギャラに応えたのである。

新日本のリングに上がった大仁田の最終目標は、「インディ嫌い」を公言していた長州力との電流爆破マッチだった。長州をしつこく追う大仁田の姿は、恋焦がれすら想起させるものだったが、ついに翌2000年の7月30日に実現。試合は大仁田が5度被弾したのに対し、長州はゼロだった。

筆者が大仁田を取材した際、長州戦に話が及び「都合2年かけて、大変、盛り上がりましたのにねえ……」と向けると、大仁田は明言した。

「だから長州、俺は大嫌いだよ！」

小ネタ 初めての電流爆破マッチは1990年8月4日、東京・汐留レールシティで行われたが、屋外にリングを設置する予定が、台風の接近情報により、屋根のある場所まで移動して設置することに。この結果、爆破音が外に逃げず、予想外の迫力を生んだ。

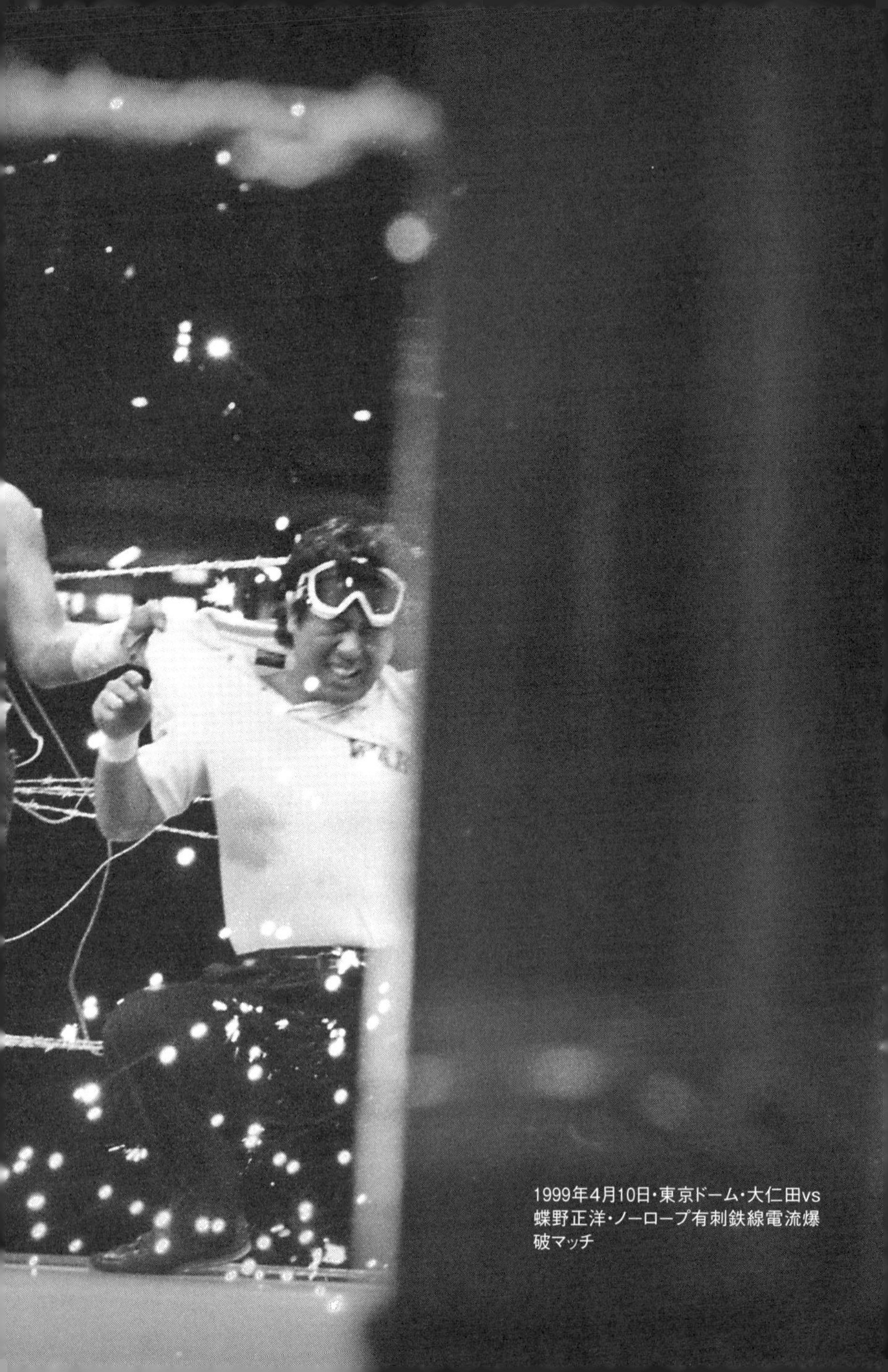

1999年4月10日・東京ドーム・大仁田vs
蝶野正洋・ノーロープ有刺鉄線電流爆
破マッチ

90年代新日本でファイトマネーが最も高かった〝銭ゲバ〟小川直也

「1試合、1億円は欲しい」

1990年代、新日本プロレスの渉外担当・企画宣伝部長だった永島勝司によると、当時の新日本で最もファイトマネーが高かったのは小川直也だという。その額、ワンマッチ1000万円。別項にも書いたが、大仁田厚も新日本ではワンマッチ1000万円と聞いていたので、永島に水を向けると、「そうだったな。でも大仁田は盛り上げるためにいろいろしてくれたからなぁ……。それと、初めて大仁田が参戦を発表した時、チケットが一気に実券で9000枚はけたんだよ（1999年1月4日の佐々木健介戦）」。

このように、同じワンマッチ1000万円でも、大仁田へのギャラはそれだけの価値があったと永島は感じていた。一方の小川に対しては、ただ「高すぎだったよな〜」と繰り返しつぶやくだけだった。

そんな小川は新日本入り表明の会見（1997年3月7日）で、こう発言している。

「1試合、1億円は欲しい」

この2年前の1995年、ヒクソン・グレイシーが初来日し、山本宜久、木村浩一郎に連勝し、総合格闘技大会「VALE TUDO JAPAN OPEN 1995」のトーナメントで優勝。翌1996年11月17日には、日本初のオクタゴン（八角形の金網リング）を使った「U－JAPAN」が行われ、参戦したプロレスラーのクラッシャー・バンバン・ビガロ、安生洋二、松永光弘、臼田勝美が揃って敗戦（対戦相手はそれぞれキモ、ジアン・アルバレス、ダン・スバーン、ヴァリッジ・イズマイウ）。そして小川がプロ入りした1997年3月の7カ月後には、ヒクソンと髙田延彦が「PRIDE・1」（10月9日）で世紀の一戦を行い、髙田が惨敗。この時期、総合格闘技の隆盛とともに、「プロレスラーは弱い」という雰囲気が充満していた。

「ギャラ1億円でなきゃ出ない」

小川のプロデビュー戦（1997年4月12日）は、当時UFCファイターだったウェイン・シャムロックの代打出場だった。もともと橋本真也と東京ドームで戦う予定だったシャムロックが出場をキャンセル。急遽、プロ入りしたばかりの小川が橋本相手のデビュー戦を行うことになった。先に述べたように、この時期、格闘技戦でのプロレスラーの敗戦が続いており、プロレス界は「プロレスラーは弱い」というイメージを払拭できる救世主として、小川のような格闘ファイターを求めていた。あながち「1試合、1億円は欲しい」という小川の発言は、そこまで荒唐無稽なものではなかったとも取れるのだ。しかし、4年後、この発言が悪い形で具現化してしまう……。

2001年の大晦日、猪木軍とK－1軍が激突する一大決戦（『INOKI BOM-BA-YE』）が行われた。だが、ジェロム・レ・バンナと対戦予定だった藤田和之が12月14日に負傷欠場決定。これにより小川の大晦日参戦が取り沙汰されたが、12月21日に小川の不参加が決定。その理由をK－1の石井和義館長（当時）はこう説明した。「（小川は）対戦相手に負傷しているピーター・アーツを挙げて、しかも『ギャラ1億円でなきゃ出ない』と。アーツは歩くのもやっとの状態なのに……」。実際、アーツは、12月8日に行われたK－1の決勝大会で左足の甲を骨折。準々決勝でタオル投入による棄権敗退となっていた。

最初にK－1側は、小川に3000万円でジェロム・レ・バンナ戦を提示。ところが小川は1億円を譲らない。石井館長は自腹で5000万円を上乗せするとし、計8000万円でオファー。だが小川は首を縦に振らず、しかも対戦相手に手負いのピーター・アーツを指名。これで石井館長の堪忍袋の緒が切れ、「どう考えても彼の言うことは不条理。こちらから願い下げしました」と小川への不満と怒りを滲ませた。

「この銭ゲバ野郎！」

この交渉決裂の経緯が明るみに出た2日後の12月23日、新日本の後楽園ホール大会に現れた小川に、客席からこんな野次が飛んだ。

「この銭ゲバ野郎！」

そして、翌日の東スポ1面に次の見出しが躍った。

「小川は銭ゲバか」（2001年12月25日付）

最後の「か」の文字は、東スポらしく極小で掲載だった。

後年、バラエティ番組の『ダウンタウンDX』（日本テレビ）に出演した小川は言った。「あの見出しで、〝銭ゲバ〟イメージがついて、来る話も来なくなっちゃって……」（共演者は爆笑）。

その後参戦した「ハッスル」では、〝借金王、安田忠夫と1億争奪マッチ〟で激突。小川が勝利するも、髙田モンスター軍の総帥、髙田総統発行の「1億モンスタードル」をもらい受けるオチがついている（2005年7月13日、福岡国際センター）。

ところで、小川はなぜ大晦日の『INOKI BOM-BA-YE』でK－1に1億円を要求し、しかも相手は手負いのピーター・アーツだったのか。これについて奥行きある分析をした男がいた。

「小川は猪木さんから脱皮しようとしてるんじゃねえか。最少で最大の抵抗じゃねえの」（『東京スポーツ』2001年12月25日付）

大仁田厚だった。

小川は翌2002年から、橋本真也と「OH砲」を結成。ZERO-ONEを主戦場にし、猪木と一時、袂を分かっている。

小ネタ 北尾光司のファイトマネーについては永島氏は覚えてなかったが、北尾はプロレスデビューの1990年、約3600万円の収入で長者番付に登場している。

1997年3月7日・小川直也プロ転向&
橋本戦発表会見・全日空ホテル

2日「'97 BATTLE FO
直也

長州のサソリ固めからの逃げ方が偶然一緒だった猪木と三沢

三沢にサソリ固めの逃げ方を教えたのは馬場

2003年の春、永田裕志は、他の選手から電話を代わられる形でノアの三沢光晴と話したという。三沢は言った。「いろいろあるかもわかりませんけど、ウチにはなにも心配せず、来てくださいね」

当時、永田はノアに参戦予定（同年5月より）で、新日本プロレスのIWGPヘビー級王者だった。ここで、同社オーナーの猪木が、かつて自身が保持していたNWFヘビー王座を盾に（当時の王者は高山善廣）、IWGPヘビー級王座と王者の永田を挑発。さらに永田がメインを務める新日本の東京ドーム大会のリングでバーリ・トゥード・マッチを敢行するなど（同年5月3日。藤田和之vs中西学）、新日本の特徴と言えばそれまでだが、リングの内外は大いに揺れていた。冒頭に記した三沢の声かけは、大変なストレスを抱えた永田をおもんばかったものだった。

前置きが長くなったが、三沢は、公言することで周囲を巻き込んでゆく、言ったもん勝ちの〝猪木的やり口〟とは相容れず、ビジネスでもプライベートでもまるで接点がない。猪木自身、ノアを旗揚げする三沢について報道陣に聞かれた時、「接点がないので」ときっぱり言ったうえで、「中心（人物＝馬場）を亡くしたことがね。歴史を振り返れば驚くことではない。転覆されないように頑張って」と語るにとどめた（2000年6月26日）。

しかし、猪木と三沢には思いも寄らぬ共通点があった。長州のサソリ固めからの逃げ方が一緒だったのだ。

逃げ方はシンプルで、サソリ固めをかけられた状態から自分の上体をでんぐり返しのように、クルリとぐぐらせること。そうすると、かけられる前の体勢に戻るわけだ。並外れた柔軟性も猪木と三沢は同じだったということになる。

とはいえ、猪木はジリジリと回ってサソリ固めを戻して逃れ（1984年8月2日）、三沢は2代目タイガーマスク時代、一瞬にしてクルリと回って逃げていた（1986年3月13日）。実は三沢にこの逃げ方を教えたのは馬場だった。馬場の大きな体と長い足でサソリ固めからの逃げ方を試行していた三沢だけに、より早く回転ができたのかもしれない。

そして、長州に対してもう1人、この逃げ方を披露したのが飯塚高史。闘魂三銃士の真下の世代というめぐり合わせゆえ、団体エースのポストは遠かったが、その実力とポテンシャルの一端として、ここに記しておきたい。

小ネタ 2009年6月13日の三沢のリング上の急死について、猪木は「不謹慎と怒られるかもしれないが、男にとっては最高の場所で旅立てたのかな」と語る一方で、「どうしても練習がおろそかになっていた。人前では『絶好調、最高』と言うけど、当時の映像を見たら、あまり健康そうじゃなかった」と、自分と同じ社長兼レスラーだった三沢の立場についておもんぱかった。

「徹夜するファンにコーヒー差し入れ」はUWFではなく新日本が発祥だった！

「差し入れしながら（余った）チケットを売ればいいのでは？」

前売りチケットが毎会場、即日完売する人気だった第二次UWF。そんなチケットを入手するため、発売日前日からプレイガイド前で徹夜するファンに、前田日明、髙田延彦、山崎一夫が直接、温かい缶コーヒーを差し入れたというのは有名な話だ。

差し入れが行われたのは1988年11月23日の午前1～2時頃。この23日の朝10時より、第二次UWFの12月の大阪大会と、翌年1月の日本武道館大会の前売り券が同時発売され、11月23日が祝日（勤労感謝の日）だったこともあり、多くのファンが徹夜をしていた。その報告をプレイガイドから受けた第二次UWFの鈴木浩充専務が、差し入れを提案。前田、山崎が車を出し、コンビニの缶コーヒーを買い占め、各プレイガイドを手分けして回った。感涙にむせぶファンの姿もあり、美談として現在でも語り継がれるエピソードとなっている。

この第二次UWFの話を聞き、そのまま倣ったのが新日本プロレスだった。翌1989年4月24日、初の東京ドーム大会が行われる前夜、当日券売り場に徹夜で並ぶファンたちに缶コーヒーを贈ったのだった。当時、新日本の営業だった中村祥之氏はこう語っている。「田中（ケロ）リングアナの一声でしたね。UWFを真似したかったんじゃないでしょうか（笑）」

ところが、UWFより6年も前に、ファンへの差し入れを行っていた団体があった。なんと、これが新日本なのだ。1982年1月1日の後楽園ホール大会の当日券入手のため、前夜から寝袋持参で並んでいたファン約150人に、新日本の営業部が温かいコーヒーを差し入れていたのである。大晦日の夜を新日本の営業社員たちも潰したことになるが、この日のカードは猪木vsローラン・ボック、WWF（現・WWE）世界ヘビー級選手権のボブ・バックランドvs藤波、初代タイガーマスクvsダイナマイト・キッドと、蔵前国技館開催でもおかしくないカード。1万円の席に10倍以上の値段がつき、「1000人以上がチケットを入手できずに帰った」という人気大会で、ファンへの対応にも力が入ったのだろう。

ところで、東京ドーム大会での差し入れのみ、事情に違いもあった。

「（第二次）UWFと違って、新日本の東京ドームの興行は、前売りが全席種で余ってたんですよ！　だから、差し入れしながら、ここで、前売りチケットを売ればいいのでは？と思いました。そしたら、ファンにコーヒーで暖を取らせることも、地べたに寝させることもないのにって。そう思いません？（笑）」（中村氏）

同意せざるをえなかった……。

小ネタ UWFの缶コーヒー配布時時、高田は既に何軒かハシゴして飲んだ後で、ファンと抱き合うなど、やたらとハイテンションだったとか。

テレビ中継を観た「ファンのショック死」は猪木vsアリの放送でも起こっていた！

猪木vsキラー・カーンでも死亡事件

プロレス中継視聴でのファンのショック死事件といえば、フレッド・ブラッシーの噛みつき攻撃によるものが有名だ。1962年4月23日、特番編成でテレビ生中継された力道山vsブラッシーで、大流血をともなうブラッシーの噛みつき攻撃を視聴していた6人の高齢者が25日までに死亡。死因はいずれも心臓マヒだった。また、同月27日の力道山vsブラッシーの6人タッグでも流血禍は繰り返され、2人の高齢者が死亡した（死因は心臓マヒと脳出血）。断続的にカラー放送が行われていた時代であり、血の色の衝撃も無縁ではなかったのだろう。

とはいえ、60年以上前の事件であり、これ以後はファンのショック死などないものと思っていた。しかし、現実は違っていた。

「プロレスに興奮して83歳おばあさん死ぬ」（『毎日新聞』夕刊・1983年3月26日付）。

1983年3月25日の夜、居間で一人で『ワールドプロレスリング』を観ていた83歳の女性は、「猪木、頑張れ」と大きな声を出して興奮気味に応援していたが、急に声援が途切れ、隣室にいた家族が様子を見に行くと、女性は机にうつ伏せで倒れていた。間もなく心不全での死亡が確認された。女性はもともと高血圧で治療も受けていたという。ちなみに、この日のカードはＩＷＧＰアジアゾーン予選、猪木vsキラー・カーンだった。

この時代、ファンの集いやサイン会に行くと、大多数の子供のファンに交じり、必ず高齢のファンが一定数いた。幅広い世代の熱狂的なファンを沸かせたプロレスブームが生んだ悲劇ともいえるだろう。

そして、この死亡事故の7年前、あの猪木vsアリでも同様の事件が起こっていた。

「実況録画に興奮　心臓マヒで死ぬ」（『朝日新聞』朝刊・１９７６年6月27日付）。

猪木vsアリの第1ラウンド、那覇市のＩさん（77）が興奮して卒倒し、病院に搬送されるも、その場で死亡が確認された。もともと心臓が弱く、過去4回も発作で倒れたことがあったため、家人はテレビの視聴を禁じていたが、たまたま家人が外出したタイミングで起こった悲劇だった。

Ｉさんは大のつく格闘技好きで、プロレス、ボクシング、両方を応援していたという。

猪木vsアリの実現に身命を賭けて尽力した新間寿を筆者が取材した際、この事件について振ってみた。新間は目を潤ませながら、こう答えた。

「そうか……。いまからでも、お線香をあげて手を合わせに行きたい気分だよ」

Ｉさんの命日となった猪木vsアリが行われた6月26日は、「世界格闘技の日」に認定されている。

小ネタ アリの世界戦では、観客にショック死が（2名）。1971年3月、MSGにおけるジョー・フレージャー戦で、アリ初の敗戦かつダウンが衝撃を与えたようだ。

アンドレは東京の一等地に4LDKのマンションを持っていた

神奈川県民だったハンセン

1976年から1978年のシーズン、読売巨人軍にクライド・ライトという外国人投手がいた。メジャーで通算100勝を挙げ、ノーヒットノーランも達成した凄腕左腕で、もちろんシーズン中は日本に住んでいた。以下はそのライト投手の述懐である。

「(同じ)マンションには(プロレスラーの)アンドレ・ザ・ジャイアントも住んでいたよ。何回か一緒に朝食を取ったけど、デカくて、ものすごい量を食べていた」(『スポーツ報知』2014年8月28日付)。

じつは日本に住んでいたという外国人レスラーは多い。ザ・デストロイヤーは、自身が出演するバラエティー番組を放送していた当時の日本テレビの裏に住んでいたし、スタン・ハンセンは一時期、神奈川県の有名な避暑地に住んでいた。町内の祭りにも積極的に参加し、この町に住んでいたプロレスファンの知人は、祭りに行ったらハンセンが神輿を担いでいて仰天したという。

アンドレについて、当時の新日本プロレスの営業担当のO氏に聞いてみた。

「事実です。都内の閑静な一等地で、当時にしては珍しく外国人が多く住んでいる場所でした。仕様もアメリカンサイズで、広さは4LDKくらいだったと思います」

ところが、クライド・ライトが住んでいた1976年から1978年のアンドレの来日記録を見ると、なんと4回のみ。それもすべて、シリーズ後半戦の特別参戦だった。1974年、アンドレはギネスブックに「年俸世界記録40万ドルのプロレスラー」と認定されたほどの大富豪（当時の40万ドルは現在の貨幣価値で約6～7億円）。日本にマンションを買うなど造作ないかもしれないが、来日頻度の少なさを考えれば、新日本の常宿だった京王プラザホテル（東京・新宿区）に宿泊するほうが現実的だと思われる。

アンドレの自宅のあったアメリカの田舎町、エルビィは最寄りのスーパーから30キロも離れた山奥だった。周囲の村で広まった「あの山奥に巨人が住んでる」「まるでモンスター」という噂も、田舎すぎて放送網などが整備されていない地域のため、誰もアンドレの正体を知らなかったことが原因だった。

思い起こせることがある。そんな田舎のさらに山奥にあったアンドレの自宅の敷地は、どんどん広くなっていったという。近隣の区画を、大富豪のアンドレが買い漁っていったのだ。いつしか、敷地は250エーカーを超え、その広さは、東京ドーム約21個分であった。

アンドレが所有した日本のマンションも、そんな自分の居場所ではなかったか。

小ネタ ちなみに晩年のビル・ロビンソンは定期的に来日し、東京・高円寺のジムで生徒たちを指導していたが、その場合は高円寺駅北口のビジネスホテルを定宿としていた。

プロレス好きの皇族が心配した巌流島決闘直後のマサ斎藤の体調

お気に入りは〝技巧派〟スティーブ・ライト

2018年7月、マサ斎藤が逝去した際、猪木がこんな思い出話をしていた。

「斎藤との巌流島決戦が終わったあと、偶然、東京駅で、ある皇族の方にお会いしたんです。すると開口一番、こう仰いました。『マサ斎藤さんは、お元気ですか?』と」

巌流島決戦といえば、1987年10月4日、宮本武蔵と佐々木小次郎の決闘で有名な巌流島で行われた猪木と斎藤の無観客試合。2時間を超える大死闘となったが、翌5日夜には録画放送され、ある皇族の方も、その中継を観ていたと思われる。果たして、〝ある皇族〟とはどなたなのか? 1983年11月30日付の『中日新聞』にそのヒントがあった。

〈礼宮《あやのみや》さま、きょう18歳(中略)英国に留学中の浩宮さまから礼宮さまにこのほど、誕生祝いのカードと英語のプロレスの本が届いたという〉

浩宮さまは、現・天皇陛下(今上天皇 徳仁さま)、礼宮さまは、秋篠宮文仁親王。秋篠宮親王が大のプロレスファンだったのである。筆者が漏れ聞いたところによれば、初代タイガーマスクの好敵手である技巧派、スティーブ・ライトを応援していたようで、なんとも渋い。イギリスに留学中には現地のプロレス会場にも足を運んだようで、大手メディアの現地特派員によるいくつかの目撃談が残っている。

新日本プロレスの元リングアナ、田中ケロによれば、選手が秋篠宮さまと同じ新幹線になったこともあり、マサ斎藤の前で立ち止まり、「マサ斎藤さんでいらっしゃいますね。いつも観させていただいてます。これからも頑張ってください」と挨拶されたという。スティーブ・ライトにマサ斎藤と、古豪の実力派を好む傾向があったのかもしれない。

今上天皇や父である明仁上皇がプロレス好きだったという情報はないが、プロレスに関して、なんとも惜しかった出来事もある。2017年、秋の外国人叙勲で、ザ・デストロイヤーが旭日双光章を受勲。本人の体調もあり、伝達式は自宅近くのニューヨーク州で行われ、デストロイヤーがこう語っている。「もし皇居で陛下から直接勲章をいただけていたら、面白いことになってましたよ。陛下に拝謁する際は、誰もが帽子やマスクを取らなくてはなりません。私も、陛下の前で非礼はしたくありません。つまり、天皇陛下が『ザ・デストロイヤーのマスクを剥いだ唯一の日本人』になられたことでしょう」

天皇陛下によるマスク剥ぎ。デストロイヤーによる日本愛の極みを観たかったのは筆者だけではないだろう。

小ネタ 現皇后である雅子さまは小中学生時代、大の女子プロレスファンで、プロレスごっこの時のリングネームは「ナンシー雅子」だったとか。

1987年10月4日・巌流島・
猪木vsマサ斎藤

会ったこともないのに恋焦がれた武藤敬司の〝心の恋人〟は？

闘魂三銃士結成時、多忙だったのは武藤だけ

取材中、同じ部屋の中に置かれた仕切りの奥に、誰がいるのか気になってしょうがないことがあった。8年ほど前の、武藤敬司へのインタビューを行った時のことである。筆者は武藤にこう聞こうとしていた。

「アメリカ修行時代、金髪美女との結婚を考えたこともあったとか？」

ふいに蝶野（正洋）が言っていた武藤のこぼれ話を思いだしたのである。武藤本人に聞いてみるチャンスだったが、取材場所は武藤の団体「WRESTLE-1」の事務所。WRESTLE-1で夫・武藤を手伝っていた奥さんの久恵さんが、もし仕切りの奥にいて、金髪美女の質問を聞いたら失礼になってしまうと気をもんでいたのだ。しばらくすると、仕切りの奥から知った顔の男子レスラーが現れ、取材部屋から出ていった。筆者は改めて武藤に金髪美女の質問をぶつけてみた。

「いや、それは違う……。その子の髪は、ブラウンだったよ（笑）」

屈託なくこう答えた武藤。橋本真也、蝶野正洋との「闘魂三銃士」として知られるが、記念すべきトリオ初結成となったワンマッチでの凱旋帰国試合（1988年7月29日。vs藤波辰爾&木村健悟&越中詩郎）について、筆者は取材で、橋本、蝶野から次のような話を聞いたことがある。

「ギャラが3人合わせて10万円だった。1人10万円じゃないよ。3人で10万円。腹が立ったから、控室にスポンサーの差し入れで置いてあったユンケルをガブ飲みして、好き放題暴れてやったんだ」（橋本、蝶野）。発言が連名になっているのは、個別の取材で、違う時期に、橋本と蝶野から聞いた話が、この試合について、2人とも言うことが一緒だったからである。ところが武藤の話だけ少し違っていた。

「覚えてねーけど、当時は俺、プエルトリコで売れっ子だったからね。帰らずに向こうで試合してりゃあよかったと思った」（武藤）

じつのところ、橋本と蝶野はこの時期、海外での試合で多忙だったわけではなく、闘魂三銃士の結成にあたって、武藤のいるプエルトリコに、2人が出向く形となっている。武藤だけが多忙で、動けなかったのだ。

橋本、蝶野をライバル視していなかった武藤

武藤は新弟子時代、新日本プロレスを何度も辞めようとしたが、そのたびに山本小鉄から「もう少し頑張ってみないか？」と説得されていた。期待の大型新人だったのだ。デビューから1年

経たずにテレビ中継に登場し（1985年9月6日、碧南市臨海体育館。武藤&ドン荒川vs上田馬之助&トニー・セントクレア）、その翌月には海外修業へ。翌1986年10月に凱旋帰国し、1987年8月20日には両国国技館のメインで猪木と組み、藤波&長州と激突。世代闘争を行っていたマサ斎藤の代役での出場だった。この時の武藤はまだデビュー3年未満で、人気先行型というイメージのあった武藤の大抜擢に、当時、ファンは拒否反応を示した。しかし、いま見ると、この両国のメインは贅沢すぎるカードだ。

そして武藤から遅れること約2年、ようやくこの時期、橋本と蝶野は海外修業に出発。武藤との差は明らかで、蝶野自身、「俺らの世代は、武藤さんが長男で俺が次男、橋本が三男」と明言しており、武藤の口からも2人をライバルとして見ている発言は聞いたことがない。2020年、筆者が武藤のドキュメント番組の制作に関わった際、「俺、ムタに負けていた時期があった（1992〜1993年頃）」という本人の吐露を聞いた。ムタは1993年1月4日、初めてNWA世界ヘビー級王座を奪取し（東京ドーム。vs蝶野正洋）、こうコメントしている。「感無量です……」。ムタが日本語をしゃべったのだ。やはり別人格がライバルにも限界があった。

武藤にとって三沢は〝親が勝手に決めた許嫁〟

では稀代の天才レスラー、武藤がライバルとして見ていたのは、いるとすれば誰なのか。それがわかったのは、デビューから15年経った1999年の5月13日のことだった。武藤は花束を携え、意中の人物が現れると、花束を渡して言った。「(全日本プロレス)社長就任、おめでとうございます!」。目の前には三沢光晴がいた。銀座で行われた「第3回プロレス写真記者クラブ写真展」のセレモニーでのことだった。三沢と初対面した武藤は、思いをこう語っている。
「勝手かもしれないけど、俺、プロレス界でのライバルはこの人だって、ずっと決めてたんです。テレビドラマであるじゃないですか? 親が勝手に許嫁と決めて、でも、会ったことはない。そんな気分。見たことがないのに、勝手に俺が恋しちゃってた。今日は恋人に会えて、嬉しいです」
「いやあ……照れますね(苦笑)」(三沢)
「俺、オカマじゃないですよ(笑)」(武藤)
武藤がデビューした1984年に、三沢はその才能を見込まれ2代目タイガーマスクとして再デビュー。武藤が日本に本格的に定着していた1990年5月14日、2代目タイガーマスクは自らマスクを脱ぎ、三沢光晴として全日本のトップ獲りに邁進し始めた。新人時代から過度に期待され続けた武藤と三沢は、その重圧をお互いが理解できる立場だった。そして、その後の2人の活躍に深く認め合うものがあったのだ。
2021年2月12日、武藤は潮崎豪から〝ノアの至宝〟GHCヘビー級王座を初奪取(日本武道館)。武藤は三沢について問われると、「ひょっとしたら、俺を応援してくれてた」と笑った。

小ネタ 一騎打ちを夢見ていた武藤の言葉は以下。「結果は60分フルタイムドローかな。みんながハッピーになってくれるから」(スポーツ報知・2009年6月16日付け)

橋本真也のZERO-ONE追放後に用意されていた小橋建太との復帰戦

幻に終わった東京ドームでの橋本&蝶野VS棚橋&中邑

「橋本選手に連絡を取って、10月の東京ドームで棚橋、中邑組と戦ってもらうつもりでした……」。元新日本プロレス社長のサイモン・ケリー猪木をインタビューした際の発言である。サイモンは、2005年5月、新日本の社長に就任。だが、興行での他団体の選手との出場契約など、前任者から引継がれた縛りもあり、自分で考えた企画を本当に動かせるのは、この年の10月8日の東京ドーム大会からだった（この日の東京ドーム大会に元WWEのチャーリー・ハースなどが参戦したのは、サイモンの意向）。

そのサイモンの腹案にあったのが、冒頭の言葉だった。棚橋&中邑は、当時、IWGPタッグ王者であり、橋本は2004年11月に自ら創設した団体、ZERO-ONEでの活動を、負債により停止にしていた。橋本は2005年の7月11日に逝去したため、このカードは陽の目を見ることはなく、当日の棚橋&中邑の相手は、当時、ハッスルを主戦場にしていた川田利明&安生洋二となっていた（ちなみに、新日本側にハッスルに対するアレルギーが相当あったため、ハッスルでのキャラは出さず、素の選手としてのリング登場。しかもノンタイトル戦だった)。

この日のメインは、藤田和之の持つIWGPヘビー級王座を、蝶野正洋、ブロック・レスナーが争う3WAY戦だったが、棚橋&中邑と橋本の対決が実現していれば、橋本のパートナーは蝶野だったかもしれない。

白装束を着て本能寺で復帰をアピール

橋本真也がもし生きていれば、どんなカードが実現していたのか? 弊社刊『告白 平成プロレス10大事件 最後の真実』にも書いたが、橋本には小橋建太との一騎打ちが用意されていた。小橋の当時の所属のノアの社長、三沢光晴の了承も得ていたカードだった。この情報は、橋本と昵懇だった現・福岡市長の高島宗一郎を取材した際に得たもので、「私以外にも(橋本vs小橋の決定を)裏づけられる関係者が複数おります」と高島市長は発言している。このカードが橋本の復帰第一戦になっていたことが濃厚なのだ。

一方で、橋本自身は生前、「戦って負債を返す」ことを目標に、長期欠場の原因にもなった右肩の手術とリハビリに臨んでおり、亡くなる3カ月前、マスコミの前に姿を現せている(2005年4月8日)。場所は、橋本が尊敬する織田信長が没した本能寺で、いでたちはなんと白装束。橋本らしいサービス精神で、「やっと両腕をあげてアクビができるようになりました」と、記者たちを笑わせる一幕もあり、近いうちの復帰を思わせた。

実際、この直後から業界では橋本に対する言及が続出。4月13日には当時、新日本の副会長だった藤波辰爾が、5月14日に行われる東京ドーム大会への来場を橋本に呼びかけ、4月16日には、村上和成（当時「BIG MOUTH LOUD」所属）が一騎打ちを要求。5月11日には小川直也が、「ハッスル」での復帰を提案。小川には2日後に橋本から折り返しの電話があり、「万全な状態で復帰したい」と、橋本自身が申し出ている。また、5月20日には、橋本からメディア側にファックスを送付。名前を挙げてくれた団体や選手に謝辞を述べるとともに、力強い一言がしたためてあった。

「己の道は己が決めます」

小橋戦が水面下で進んでいたことを考えても、納得できるコメントだった。

最後のリングでトルネード・ハッスル！

では橋本が、最後にリングに上がったのはいつだったのか？ まず、最後の試合は右肩の手術前に行われた2004年8月31日のNWAインターコンチネンタルタッグ選手権（岩手県営体育館。ZERO-ONE主催）で、藤原喜明とのコンビで王座に君臨していた橋本は、大谷晋二郎&大森隆男に敗れ王座陥落（藤原が大谷にレフェリーストップ負け）。3カ月後の11月3日には、蝶野の20周年を祝い、新日本の両国国技館大会の花道に登場。だが、この時はロープ越しに蝶野に花束を渡すにとどまった。そもそも新日本との軋轢からZERO-ONEを立ち上げているだけに、花道への登場だけでも橋本には難しい状況だったという。

では橋本が最後にリングに上がったのは？ それは自身の地元の岐阜に近い愛知県体育館で行われた「ハッスル6」（2004年10月23日）だった。オープニングに登場し、ハッスルポーズの進化系として考案した、最後に腰を回すトルネード・ハッスルを披露。「ハッスルポーズだけでも、みんな恥ずかしがってたのに、彼は、『人間は腰だ！』とか言い始めて」と小川がコメントを残している。最後のリング登場がトルネード・ハッスルの披露だったのは、天衣無縫な橋本らしいともいえるだろう。また、翌2005年6月22日、バラエティ番組『ロンドンハーツ』（テレビ朝日系）で、〝アンチ長州〟として、リング上の長州小力をこらしめたロケもあったのだが、これを最後のリングとするかはさておき、やはり橋本らしかった。

2005年7月11日の橋本逝去の2日後、「ハッスル」博多大会が開催され、小川はマイクを持って叫んだ。

「みなさん！ 恥ずかしがらずに（一緒に）やってください！ いくぞーっ！ ハッスル、ハッスル、トルネード・ハッスル！」

長州小力とのロケの模様は、亡くなった8日後に追悼として放送された。放送にあたり、「橋本真也さんご本人がこの放送を楽しみにしていたとの声を頂戴した」とテロップが流されていた。

小ネタ なお、橋本が最後に公の場に姿を見せたのは2005年6月13日、TOHOシネマズ六本木ヒルズで行われた『宇宙戦争』のプレミア試写会で、愛人、冬木薫さんをともなってのものだった。全体的にふっくらとしており、小川直也の、「テレビで橋本の死因を、『レスラーですから、運動不足はないでしょう』とか分析していたけど、あの体型をみると、それが一番の原因なんじゃないか？」との分析が忘れられない……。

内藤哲也はプロレスデビューした時にまだ新日本の「ファンクラブ会員」だった

いまだにファンクラブの会費を払い続ける内藤

小橋建太は、一度、全日本プロレスへの入門を反故にされている。「アマでの実績がないから」がその理由だった。すでにサラリーマンを辞め、退路を断っていた小橋は、通っていたジムの会長に相談。会長は小橋のために手を尽くしたが、「一度、断られてるから、全日本になるか、新日本になるかわからないけどいい?」と小橋に伝えた。小橋の本音は全日本希望だったが、プロレスラーになれることが優先と思い、これを受け入れた。

このように、プロレスラーになることを第一義とし、デビュー前に他団体と関わりを持っていた選手は多い。逆に、一つの団体しか目に入らなかった選手もいる。それが内藤哲也だ。

もともと内藤は新日本プロレス公認ファンクラブ「闘魂戦士」(当時)の会員で、毎年会費を払っていた。内藤の新日本入門は2005年12月で、デビューは翌年の5月27日。年会費契約と考えれば、デビュー時にはまだファンクラブの会員だったのだ。

そんな内藤の〝新日本愛〟は筋金入りで、プロレス専門誌は、新日本のページしか読んでいなかったという。なので、2022年1月、新日本とノアが全面対抗戦を行うことになった際、内藤は「すいません、自分、（ノアの選手に）詳しくないので……」と発言したことがあったが、それは挑発でもからかいでもなく、本音だったのだ。

それまで大ファンだった武藤敬司が2002年に全日本プロレスへ移籍すると、武藤のビデオやグッズを処分してしまったというから内藤の〝新日本愛〟は本物だ。入門テストの自己PRの時には、試験官の木村健悟にこう叫んだ。「木村さん！　僕の新日本プロレスへの思いは、絶対誰にも負けません！」。

それは、ファンクラブ特典へのスタンスにも現れていた。会員には、東京ドームでの試合前、花道を歩けるというサービスがあったのだが、内藤はこれをしなかった。「東京ドームの花道を歩くのは、自分が新日本でデビューしてから」と決めていたのだ。

最近になって判明した驚きの情報として、内藤はいまだに新日本ファンクラブの会費を払い続けているという。つまり、IWGPヘビー級王座もG1 CLIMAXも制しながら、まだファンクラブの会員なのである。内藤いわく、その理由は「ファンだった頃の気持ちを忘れないため」だという。

そんな内藤だからこそ、圧倒的なファンの支持を得ているのだろう。

小ネタ　2001年3月6日の新日本プロレス大田区体育館大会で、各紙誌が報じた全選手がリング上に揃った際のセレモニー写真に、リングサイド10列目あたりで観戦する内藤が写っている。新日本プロレスはこの日、旗揚げ記念日。内藤は高校の卒業式を終え、会場に直行しての観戦だった。

新日本でプロボクシングの公式戦が行われ そのボクサーがのちにプロレスデビュー！

プロボクシング団体のＩＢＦと提携していた新日本

「プロレスラーのアントニオ猪木への紹介状を手に、初めて日本を訪れた」（『ヒクソン・グレイシー自伝』より）。意外にもヒクソンの初来日は、猪木に会うためだった。１９８７年のことである。この時期、格闘技大会でグレイシー一族同士が争うという事態が起こり、内輪揉めをしたくないヒクソンは、一族をブラジル国内以外に目を向けさせるため、対外試合に活路を見出そうとしていた。そこで冒頭に紹介した猪木への面談に向かったのだが、猪木に会うことは叶わなかったという。時期も悪かった。この時期のメジャー格闘技といえばボクシングであり、新日本プロレスもプロボクシングの第3団体、ＩＢＦと提携していたのだ。提携の発表は１９８６年の6月16日、ＩＢＦのロバート・リー会長と猪木が同席する記者会見の場で行われた。ＩＢＦが新日本と提携した目的は、脆弱だったアジア圏での興行基盤を充実させたいというものだった。

一方の新日本は、この年の秋に予定されていた猪木のデビュー25周年記念大会に、世界的なボクサーをブッキングし、猪木との異種格闘技戦を実現させることが目的だった。当初、元ＩＢＦ

王者のラリー・ホームズと現役ＩＢＦ王者のマイケル・スピンクスが候補に挙げられていた。しかし、最終的にＩＢＦでの王者歴のないマイケル・スピンクスの兄、レオン・スピンクスと猪木が対戦することに（10月9日、両国国技館。猪木の勝利）。

そんな状況のなか、記念大会後の10月27日、「アントニオ猪木プロレス25周年記念・闘魂シリーズ」第11戦の奈良県立橿原市体育館大会の第3試合で、ＩＢＦ提供のプロボクシングマッチが組まれた。カードは10回戦の亀田昭雄vs塚田敬で、結果は亀田の5回ＫＯ勝ち。3本ロープのままのプロレスのリングで、亀田はウェルター級、塚田はライト級というアバウトな試合だった。

翌1987年3月26日、猪木の25周年興行の第2弾となる大阪城ホール大会の第4試合で、ＩＢＦ提携試合の次戦が組まれた。ＩＢＦ認定日本ライト級選手権で、王者の南浩文が先の塚田敬に3回ＫＯ勝ちしている。

結局、この試合以降、新日本とＩＢＦの提携は立ち消えとなったが、ＩＢＦとプロレス界に意外な展開も残した。ＩＢＦ提携試合に二度も登場した塚田敬が、1993年6月、プロレス団体「ＣＭＡ（中京格闘技連合）」でプロレスラーとしてデビューしたのだ。塚田はトップコーナーからのダイビング・パンチという必殺技で、ＣＭＡの人気レスラーにまでなった。

新日本の歴史には埋もれ去っていたＩＢＦのボクシングマッチだが、塚田にとっては至福の時だったに違いないだろう。

小ネタ 文中の大阪城ホールの試合では当時のジャパン女子プロレスの提供試合として「〇ミスA【ダイナマイト関西の旧リングネーム】（逆片エビ固め）ハーレー斎藤●」も行われている。

新日本選手の「自選ベストバウト」オカダが選んだのは自分の〝負け試合〟

新日本プロレス出身選手が選ぶ「自選ベストバウト」

この章の最後に、新日本プロレス出身選手が選ぶ「自選ベストバウト」を挙げていこう。まず新日本の現社長でもある棚橋弘至は、2007年11月11日の後藤洋央紀戦（両国国技館）。動員がままならず、客席の何割かを潰しての開催となったが、予想外の名勝負となり、会場は大盛り上がり。「新日本復興の起点となった試合」と棚橋自身も位置づけている。

闘魂三銃士の中で唯一、新日本に残った蝶野正洋が挙げた自選ベストバウトは、永田裕志との60分フルタイム戦（2002年10月26日。IWGPヘビー級選手権）。「俺らの世代は、60分やるってのは、一つのステイタスだったからね」と語る蝶野に、昭和デビューの気格を感じさせた。

その蝶野の挑戦を退けた永田の自選ベストバウトは、カート・アングル戦（2008年1月4日）。人生の前半はアマレスに、後半はプロレスに懸けた両者ながら、アングルはアマレスで最高峰に（アトランタ五輪金メダリスト）。そんなアングルを尊敬する永田は、アマとプロの技術を絶妙にミックスさせて攻め込んでくるアングルに対して、感動が抑えられなかったという。

〝実は誠実〟な人柄で知られる天山広吉の自選ベストバウトは、初めてIWGPヘビー級王座に挑戦した試合（1995年2月4日。vs橋本真也。橋本が大勝）。このチョイスも実に誠実だ。

では、2012年に凱旋帰国して以降、長らく新日本のエースとして戦い続けたオカダ・カズチカの自選ベストバウトは？ オカダは『東京スポーツ』選定のプロレス大賞の年間最高試合賞を、2023年までになんと9回も受賞している。しかし、そんな名勝負製造機のオカダが選んだ一戦は、なんと〝負け試合〟。それも棚橋に負けてIWGPヘビー級王座から陥落した一戦だった（2012年6月16日）。棚橋はこの4カ月前、凱旋したばかりのオカダに敗れ、1年間守り通した同王座を奪われていた。

オカダはこの負け試合を選んだ理由をこう語った。「あとからビデオで観たら、僕が負けたことでたくさんのファンが喜んでいた。泣いているファンもいて、その時、思ったんです。これがプロレスなんだなって。オカダを倒してくれという思い、その達成の瞬間、会場が爆発した。プロレスはこれほど、人の心を動かせるものなんだって。（負けて）逆にプロレスの魅力を知った瞬間でしたね」

そして、オカダはこう締めた。

「それに、もし僕が弱い王者だったら、ここまでは沸かなかったわけですから（笑）」

小ネタ 逆に、ファン時代に観たオカダのベストバウトは、2001年2月3日に行われたIWGPジュニアタッグ選手権、金本浩二、田中稔vsドクトル・ワグナーJr、シルバー・キング（金本がキングを下し防衛）。もともとテレビゲームでプロレスを知ったオカダだけに、立体的で華やかな攻防に心奪われたようだ。

第2章 全日本プロレスと馬場

天龍が鶴田の入場曲「J」で入場した〝幻〟の試合があった

長州も〝スロー〟な「パワーホール」で入場した過去が

1986年9月3日、全日本プロレスの大阪城ホール大会で、天龍vs長州の3度目の一騎打ちが行われた。当時の全日本は土曜日午後7時からというゴールデン枠に放映されており、筆者は放送日の夜、楽しみにテレビの前に座っていた。しかし妙なことが起こる。これほどの大勝負なのに入場シーンがない。録画中継だから入場シーンを入れるために尺の調整はできたはず。

時は流れ2011年、ついに地上波での入場シーンなし放送の理由がわかった。多チャンネル時代の到来により、幻の天龍vs長州のノーカット版を観る機会がやって来た。まず長州が入場し、続いて天龍。控室前の通路から中継カメラが入っている。天龍は1990年の新日本プロレスとの対抗戦など、大一番でしか着用しない黄色のガウン姿だ。この試合に向けた意気込みを感じさせる。だが、次の瞬間、会場に鳴り響いたのは天龍の入場曲「サンダーストーム」でなく、聴きなれた明るい旋律だった。

「♬チャーチャ、チャーチャーチャ♬」

なんとジャンボ鶴田のテーマ曲「J」だったのである。怪訝な表情の天龍。すぐに曲が切り替わるかと思いきや、そのまま鳴り続く。「J」の曲調が変わる開始約45秒後、天龍は苦笑いしながら歩き出した。〝仕方なく〟という形容がこれほど合う入場シーンもなかった。天龍vs長州後のメインでハンセンと対戦する予定の鶴田とのテープ配置ミスだった。

テーマ曲にまつわるトラブルは少なくない。長州も全日本参戦時、テープの再生速度がスローにされた「パワーホール」が流されたし、ケンドー・カシンは藤波辰爾との一騎打ちで「マッチョ・ドラゴン」（歌付き）で入場（これは確信犯）。

いずれにせよ、試合前に苦笑いする天龍を見られる機会などまずない。と思いきや、もう1試合あった。2005年3月5日、ノアの日本武道館大会の秋山準&森嶋猛vs天龍&鈴木みのるでのこと。各選手の入場曲ごとに、みのる、天龍の順でリングイン。そして森嶋の入場時、天龍が苦笑いした。森嶋が「J」で入場して来たのだ！

森嶋は試合前日、「鶴田になったつもりで戦う」と宣言していた。ゴング後、リングには天龍にグーパンチで殴られる森嶋がいた。

小ネタ 1983年、ヨーロッパから凱旋帰国した前田日明は、一時期、入場曲が一定せず、藤原喜明の「ワルキューレの騎行」で入場したことも（1983年5月13日）。また、同年9月21日の藤波vs長州では、こちらも速度の設定ミスか、どちらの入場曲もスロー再生されていた。

鶴田vs天龍の試合順が大仁田厚の試合より前だったという珍事が

日テレ幹部へのアピールマッチだった鶴田vs天龍

全日本プロレスでジャンボ鶴田vs天龍源一郎のシングルマッチの試合順が、大仁田厚の試合より前という珍事があった。それは1983年4月20日、東京体育館大会でのこと。全9試合中の7試合目に王者・大仁田厚vs挑戦者・ヘクター・ゲレロ（NWAインターナショナルジュニア選手権）が行われ、その直前の6試合目が鶴田vs天龍だった（30分時間切れ引き分け）。しかし試合表をよく見ると、鶴田vs天龍には注釈があり、なんと「エキシビジョンマッチ」と記されている。

実はこの日の鶴田vs天龍は当日、急遽決定したカード。メインは、ザ・ファンクスvsスタン・ハンセン&ブルーザー・ブロディで、セミは馬場vsハーリー・レイスのPWFヘビー級選手権。同年8月末に引退が決まっていたテリー・ファンクを目当てに、観客動員は主催者発表で1万1000人の超満員だった。なのになぜ、鶴田vs天龍をプラスしたのか？

理由は意外なものだった。この日、『全日本プロレス中継』を放送する日本テレビの幹部たちが、会場を視察に訪れると判明したからだった。全日本の社長は2年前の12月から日テレの総務局次長だった松根光雄に交代していた。ちなみにマッチメイカーも前年に馬場から佐藤昭雄に代わっていた。

これから全盛期を迎える鶴田と天龍を対決させ、テレビ局に全日本の次世代のパワーとその面白さとをアピールするために、急遽、組まれた鶴田vs天龍だったのだ。会長職に就いていた馬場も快諾したという。

同年9月3日、日テレはテリーの引退特番をゴールデンタイムで組み、特番内で鶴田がブロディからインターヘビー王座を初奪取した試合も放送。同年末の「世界最強タッグリーグ戦」では、それまでの馬場&鶴田組に代わり、鶴田&天龍組が初参戦し準優勝。「エキシビジョンマッチ」の注釈があったとはいえ、あの日、大仁田の試合の前に急遽行われた鶴田vs天龍は、アピールとして十分な成果があったのだ。

小ネタ　ではジュニア戦士時代の大仁田はどうだったというと、負傷のイメージしかない読者も多いかもしれないが、ジャーマンスープレックスも綺麗に決め、小気味良いファイトで人気があった。初代タイガーとの対決の声が上がった際も、「ワールドプロレスリング」で山本小鉄が「テレビで最近観てますけど、だいぶ強くなってますしね」と、意外にも(?)かなりの高評価をしていた(1983年1月7日放送分)

鶴田、天龍、輪島はデビュー時に同じ〝縁起物ガウン〟を着て入場

馬場が期待する選手だけに与えられた栄誉

ジャンボ鶴田、天龍源一郎、輪島大士は、いずれもデビュー時、同じガウンを着ている。白地に朱の襟、裾にはブルーの波をあしらい、背中に鷲が描かれていた。これはジャイアント馬場から貸与された一品。鶴田は日本デビューとなるムース・モロウスキー戦で着用（1973年10月6日）。天龍は修行先のテキサスでのプロデビュー戦にこれを着用（1976年11月13日。vsテッド・デビアス）。そして、輪島も日本デビュー戦時にこのガウン姿で登場している（1986年11月1日。vsタイガー・ジェット・シン）。看板選手への期待を込めた〝縁起物ガウン〟というわけだ。

以降、このガウンに袖を通した選手はいない。全日本プロレスではその後も、高木功や田上明、秋山準ら、大相撲やアマレスからの逸材が入団していたが、〝縁起物ガウン〟を着ることはなかった。というのも、このガウンを輪島が愛用するようになり、〝輪島のガウン〟としての認知が確立してしまったからだった。

とはいえ、田上明に特別なガウンが贈られたことがあった。1999年12月3日、「世界最強タッグ決定リーグ戦」の優勝決定戦に臨んだ田上明。その入場ガウンの背中には、大海に夕陽の絵があった。

「引退したら、パリにでも渡って、セーヌ川のほとりで、ゆっくり絵でも描いて過ごしたいなあ」と語っていたほど絵を描くのが好きだった馬場。そう、この田上のガウンの絵は馬場が生前最後に描いた油絵だった。レフェリー、和田京平の自著でこう振り返っている。「天性の人のよさを持った田上のことを、馬場さんは本当に可愛がっていました」（『人生は3つ数えてちょうどいい』より）。このガウンは馬場元子夫人から田上にプレゼントされたものだった。

ところで、馬場とガウンといえば、2022年にも話題になったことがある。後輩レスラーだったグレート小鹿が、生前の馬場のガウンを『開運！なんでも鑑定団』に出品（8月16日放送分）。馬場が吉村道明とアジアタッグ王座を保持していた1960年代後半に、揃って着用していたガウンだった。

自宅に放置されていた古いトランクの中からガウンを発見した小鹿は、すぐさま『鑑定団』に応募。果たして鑑定結果は？ 120万円という高額な数字がついた。だが、鑑定士から衝撃の事実が伝えられる。

「馬場さんじゃなくて、パートナーの吉村選手のものです」「どうりで何か、小さいなと思ったんだよ」と苦笑いの小鹿。馬場の故郷、新潟県三条市にガウンを寄贈する計画も白紙となった。

小ネタ 馬場が唯一、革ジャンを着て入場したことが（1961年12月。F・V・エリック戦）。既に恋人だった元子さんが用意したものだが「似合ってなかった」（元子夫人）

1986年11月1日・輪島大士
日本デビュー戦vsタイガー・
ジェット・シン

海外でマスクマンにさせられた天龍が味わった〝最高の屈辱〟

マスクマン・コンビ「ザ・ライジングサンズ」の1号

1978年8月、2度目のアメリカ遠征のためサンフランシスコ入りした天龍源一郎は、同年11月にフロリダに転戦。すると、レスラーとしてはネームバリューがないため、地元プロモーターの要請で、強引にマスクを被らされた。しかも同じ覆面のパートナーつきのマスクマン・コンビとして売り出しだった。チーム名はまったく意外性のない「ザ・ライジングサンズ」。なお、1号が天龍で、2号はソニー・ドライバーという無名の若手選手だった。1978年の末には、何試合か戦った記録があるが、すぐに立ち消えになったようだ。

天龍のこのキャリアは、数ある自伝的な書籍にはいっさい出てこない。マスクマンとなった時期に触れた貴重なコメントを見れば、望まぬことだったのは明らかだった。「生活のためとはいっても、覆面を被らされたことは、俺にとって最高の屈辱」(『週刊ゴング』1986年9月18日号より)。

しかし、後年、天龍が「大ハヤブサ」として試合をしたことは有名だ。FMWのエース、ハヤブサが素顔となりリングネームも「H」に改名。そのHが冬木弘道&GOEMONとハンディキャップマッチで戦っていると、13分すぎに突如、ハヤブサ風のマスク姿の大男（大ハヤブサ）が現れHを助太刀。Hを勝利に導いた（2000年6月16日、後楽園ホール）。

これはFMWの窮地を救う助っ人として天龍が望んでマスクマンになったもので、大ハヤブサは天龍の「双子の兄」であると説明。双子の兄はFMWの後発団体、WMFにも引き続き助っ人参戦した。かねてから天龍との対戦を夢見ていたマンモス佐々木の要望で、まず兄の大ハヤブサがタッグを結成。2003年11月20日、大ハヤブサ&マンモスvsミスター雁之助&BADBOY非道で勝利したマンモスは、土下座姿でマイクでアピール。

「天龍さん！……あっ、お兄さん（大ハヤブサ）！……（天龍さん）に伝えてほしいことがあります。どうか僕と一騎打ちしてください！」

大ハヤブサは、マイクでマンモスの頭をコツンと叩き、聞き慣れたダミ声で言った。

「マンモス。……弟に言っとくよ」

天龍vsマンモスは同年12月27日に実現。プロレス好きアイドルの岩佐真悠子が「いままで観たベストバウト」と絶賛するほどの、超ハードファイトとして語り草になっている。

小ネタ 海外で知られざるマスクマンとなった選手は多いが、中邑真輔もその1人。2006年3月、米国に肉体改造に出向いたが、その間、体がなまらないよう、「マスクを被って名前も変えて、客も10人程度のインディで、ノーギャラで何試合かした」そう。果たしてその名前は「BANZAI」。この画像は今まで出て来ておらず、現地ファンの記録発掘に期待したい。なお、相手はカール・アンダーソンで、全勝だったとか。

実現寸前だった日本武道館でのハンセンvsブロディの一騎打ち

ファン投票で断トツだったハンセンvsブロディ

長い間、プロレスファンの見果てぬ夢のカードは、日本人対決なら日本プロレス退団後の馬場vs猪木、外国人対決ならスタン・ハンセンvsブルーザー・ブロディの一騎打ちだったと思う。そんな夢のカードだが、ハンセンvsブロディはタッグマッチでなら全日本プロレスのリングで一度だけ実現している。１９８７年11月22日、ハンセン＆テリー・ゴディvsブロディ＆ジミー・スヌーカの一戦だ（17分14秒、両軍リングアウト）。

ところがもう一試合、ハンセン＆ブロディが〝超ミラクルパワーコンビ〟として「世界最強タッグリーグ戦」で優勝する１９８３年と同じ年に、海外でタッグ対決をしていた。日付は2月7日。場所はウェストバージニア州のチャールストン・シビックセンター（米団体ＧＣＷ主催）。ハンセンはトミー・リッチと、ブロディはバズ・ソイヤーと組み対戦。結果は30分時間切れ引き分けに終わっている。パートナーも有名選手で、同年の最強タッグ戦より13分も長い試合！この秘蔵映像をお持ちの方の出現を待ちたい。

2人のシングル戦が幻に終わった無念さがいまもって語られるのは、実は対戦間近とみられていた時期があるからだろう。全日本は1988年7月13日、次期シリーズ「サマーナイト・オールスター・ウォーズ」の日本武道館大会（8月29日）を、ファン投票でカードを組むことを発表。シングル、タッグ問わず、観たいカードを3つ書いて応募する形で、さっそくこの日より投票が開始された。

そして7月22日の中間発表で、断トツで得票を集めていたのがハンセンvsブロディだった（2位は鶴田vs天龍、3位が馬場vsブッチャー）。ブロディの訃報が入ったのは中間発表の直前、日本時間7月19日朝のことだった。

この時期の全日本の展望として、渕正信の注目すべき証言がある。「（馬場さんは）鶴田&ブロディとハンセン&天龍がぶつかり合うというスケールの大きな絵を描いていた」（『Gスピリッツ Vol・18』）。日本武道館大会のファン投票でも4位に鶴田&ブロディvsハンセン&天龍は入っており、タッグでは最上位だった。日本武道館でこのカードが実現していた可能性もあったのだ。ファンとしては、まずシングルでハンセンvsブロディを行い、試合後に鶴田、天龍がそれぞれの助っ人に名乗りを上げ、4人のタッグ対決が実現……などと夢想してしまう。

この日本武道館大会の名称は「サマーナイト・オールスター・ウォーズ」に、「ブルーザー・ブロディ・メモリアル・ナイト」が追記され、選手たちはブロディに激闘を捧げた。

小ネタ ブロディの訃報が入る直前の週刊プロレスの表紙の見出し候補は「日本武道館でハンセンvsブロディ。馬場さん、これでいいですね？」だったとか。

馬場、ブロディ、ハンセンが現役最後に出した必殺技をリングで受けたのは天龍

32文、キングコング・ニードロップ、ラリアット

ジャイアント馬場の32文ドロップキック、ブルーザー・ブロディのトップコーナーからのキングコング・ニードロップ、スタン・ハンセンのウェスタン・ラリアット。これら有名必殺技を最後にリングで受けたのは天龍源一郎だった。

馬場最後の32文キックを天龍が受けたのは、1983年11月29日の「最強タッグ」公式戦、馬場&ドリー・ファンクJr vs 鶴田&天龍だった(結果は時間切れ引き分け)。この試合でロープから戻って来た天龍に馬場が32文キックを見舞うも、テレビカメラは天龍の背中を捉えており、馬場の足が見えにくい状態だった。実況の倉持隆夫アナも「16文!……ではありません、どうやら32文が当たりました」と言い直している。このわかりにくさから、資料性の高さに定評のあった『週刊ゴング』が読者からの「質問箱」の回答で、「最後の32文ドロップキック披露は、1982年2月4日のハンセン戦です」と誤答してしまったこともある。

ブロディ最後のトップコーナーからのキングコング・ニードロップの披露は、1988年4月

15日、天龍との最後の一騎打ちだった。リングを対角線に走ってからのニードロップは頻出するが、トップコーナーからの一発は貴重だった。この試合は、天龍がPWF&UNヘビー級ベルト、ブロディがインターヘビー級ベルトを賭けて、史上初の三冠統一戦として行われた（結果は30分、両者リングアウト）。ブロディは試合後の控え室で、珍しく長椅子に仰向けになって休んだ。死力を尽くした姿がそこにあった。

ハンセン最後のウェスタン・ラリアットが見舞われたのは、2000年10月21日、「三冠統一ヘビー級王者決定トーナメント」の準決勝。両ヒザを痛めていたハンセンを天龍が猛烈に攻めるなか、ハンセンがラリアットを放つも、足の踏ん張りが利かず、腕を棒のように浴びせる一発に。しかもハンセンのほうが「アー！」と悲鳴をあげることに。試合は天龍が勝利。この時、ハンセンはすでに引退を決めており、これがハンセン最後のシングル戦ともなった。

翌年1月28日、東京ドームで引退セレモニーを行ったハンセンは、翌日の『東京スポーツ』に以下の手記を載せている。

「試合には負けたが、（中略）天龍が全力で向かってきてくれたことで、私はなんの悔いも残らなかった」

一時代を築いた名レスラーたちの最後を受け取るのも、やはり名レスラーの証だった。

小ネタ 右記試合で天龍はハンセンにシングルで最後に勝った選手となった。なお、ブロディにシングルで最後に勝った選手は鶴田である（1988年4月19日。海外試合含む）

川田は新日本の入門テストに合格し、平田淳嗣は全日本に入門していた！

最初に入ろうとした団体とデビュー団体が違う選手たち

川田利明が最初に入門しようとしたのは新日本プロレスだった。中学3年生の秋、新日本と全日本プロレスに入門志望書を出したが、新日本からしか返事が来なかったという。「その頃から新日本は会社がしっかりしていたのかもしれない」（『俺だけの王道 川田利明自伝』小学館より）

すべての入門テストをクリアし、新日本側からも、「中学を卒業したらすぐ来い」と言われるが、母に「高校くらい行きなさい」と懇願され白紙に。「新日本に入っていたらまったく違うレスラー人生を歩んでいたかも知れない」（同前）。

デビューした団体と、最初に入門テストを合格した団体が違う選手は少なくない。平田淳嗣はもともと全日本に入っており、馬場のＮＷＡ世界王座初奪取時にセコンドにいた（１９７４年12月2日、鹿児島県立体育館。その後、父親が倒れたため退団）。菊田早苗（ＧＲＡＢＡＫＡ）も新日本やＵＷＦインターナショナルへの入門経験がある。

丸藤正道は高校2年生の時に、U系団体のキングダムの入門テストに合格したが、高校卒業直前に団体が崩壊（1998年3月20日）。そのため、高校卒業後は全日本に入門。ノアの顔としての現在がある。

元キングダム代表の鈴木健はこのことを覚えておらず、後年、丸藤との邂逅を「だからか！以前、会場で会った時、向こうから挨拶して来て。『お元気ですか？』『お世話になっております』とか挨拶されて、いい子だなぁと思ったんだよな」と語っている。

別の団体に入り直す例ではないが、松井大二郎はU系に憧れ、1995年9月30日、Uインターに入門した。Uインターが新日本との全面対抗戦に挑んだのはその9日後だった。松井は「初めての仕事が、新日本との全面対抗戦でのセコンドでした。その後、安生さんはゴールデンカップスとしてお笑い路線になっていって、あれ？U系とは何か違うなと」と、その困惑を証言している。

Uインターはその後、活動を停止し、新団体キングダムへ移行。この時、馬場から全日本との対抗戦の打診を受けたが（予定カードは三沢光晴＆川田vs髙田延彦＆安生）、キングダムは、今度こそ既存のプロレス団体との接触を断ち、先鋭的な格闘スタイルを進めた。松井が望んでいたスタイルの団体にやっとなったのだった。

小ネタ 右記の全日本vsUインターのタッグマッチの会場としては東京ドームが案に上がっていた。元F紙のH記者によれば、馬場の髙田への評価は高く、第一次UWFが前途多難な1984年11月に「必要としてる」と早くも電話していた。次に前田にも電話で同じことを話し、次に佐山にもかけたが、タイガージムの人間が「就寝中です」と言うと、「わざわざ起こさなくてもいいです」として馬場は切ったとか。

〝張り手嫌い〟で有名な馬場に張り手を見舞ったデビュー6年目の川田利明

「天龍でさえ、（張り手を）やらなかったんだけどな」

ジャイアント馬場は、基本的に「張り手」という攻めを「品がない」と嫌っていた。激闘ずくめだった1990年代の四天王プロレスでも、張り手による攻防は少なかった。四天王の戦いにタッグマッチで馬場が入る場合は、張り手の攻撃が皆無だったのは言うまでもない。

そんな馬場に対して、試合中に張り手を見舞ったのは、デビュー6年目の川田利明だった（当時25歳）。この試合は「世界最強タッグ」公式戦で、馬場&ラッシャー木村vs天龍源一郎&川田（1988年12月4日）。川田と馬場の絡みで、馬場をロープに詰めて、川田が張り手一閃。最後は馬場と木村が川田に16文キックとラリアットの合体技を見舞いフォール勝ちしたが、この張り手に対する試合後の馬場のコメントに本音が表れていた。

「天龍でさえ、（張り手を）やらなかったんだけどな」

さらに後日、実況アナにこの時の張り手を振られると、テレビ解説の馬場はつぶやいた。「（張り手をした相手が）僕ですからねえ……」と。自尊心を隠さぬ馬場のコメントはリアルで怖かった。

この川田の張り手の背景には、当時天龍が率いていた「天龍同盟」の事情があった。シリーズの開幕戦で、天龍のパートナー、阿修羅・原の解雇が発表される。川田は緊急の代役での世界最強タッグ出場で、馬場への張り手は原のいない状況で自身を奮い立たせるための一発だったとも取れる。天龍は試合後、こう語っている。

「ジャイアント馬場に張り手をやった。これは川田がこれからどんな技を覚えるよりも、自分の財産になること」

１９９８年12月、体調不良で馬場が入院。翌年の1月22日、川田は三沢光晴から三冠王座を奪取したが、三沢のウラカン・ラナを両腕の力で止めた際、右腕を骨折（全治三カ月）。翌日、川田は三冠王座返上の意思を表明。これを受け、馬場は「（川田は）バカだなあ……」とつぶやいたという。同月末日、馬場が逝去。この時の三冠王者は川田の筈だった。

翌年、全日本は分裂し、新日本プロレスとの対抗戦に挑む。２０００年10月9日の東京ドームで、川田は佐々木健介に激勝。その試合の帰り、川田が寄ったのは馬場のマンションだった。遺影に勝利を報告したという。

小ネタ 三沢戦の怪我で、川田も馬場同様、入院することになったが、その入院先に馬場から花が届いたこともあったとか。なお、猪木にはそれほど興味がなかったようで、新日本プロレスの大阪ドーム大会に参戦した際、「何でホームレスが舞台裏にいるんだろう?」と思っていたら、そういうコスプレの猪木だったと後から気付いたとか（2001年4月9日）。

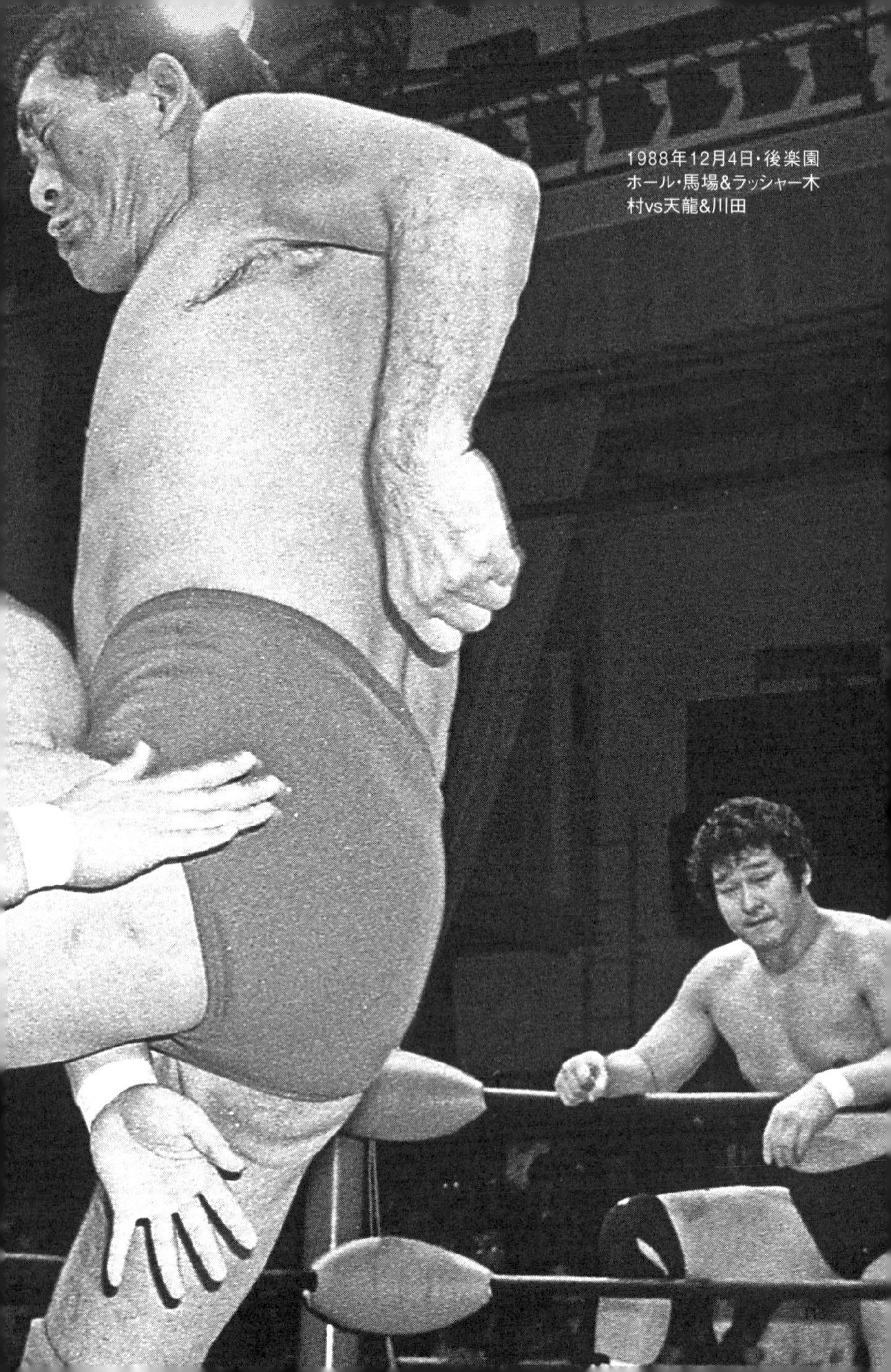

1988年12月4日・後楽園ホール・馬場&ラッシャー木村vs天龍&川田

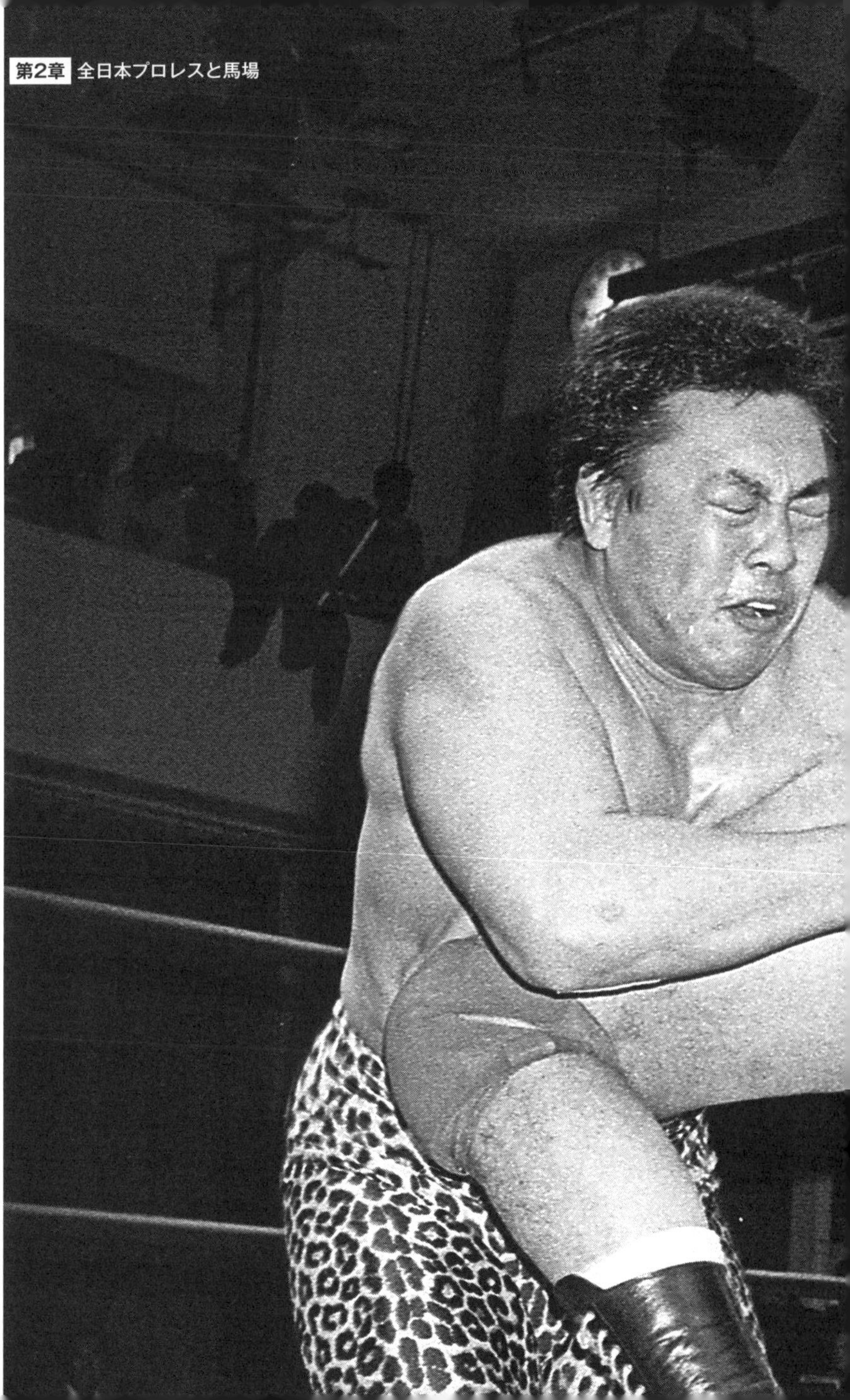

SWSへの選手大量移籍の時期に馬場は〝腕時計をつけて〟リングイン

お気に入りはロレックスのデイデイト

ジャイアント馬場のこんな寸言がある。「人を診るには、まず、靴と時計だ」。うなずかれる読者の方も多いのではないか。馬場お気に入りの靴は主にグッチやア・テストーニで、これらブランドの日本の工場には馬場の足型が常備されていたという。特注品の馬場の靴を迅速につくれるようにするためだ。お得意さまだったのである。

馬場お気に入りの腕時計はロレックスのデイデイト。天龍も着用しており、馬場のデイデイトを見て「いつか自分も欲しいと思っていた」という。そんなロレックス好きの馬場が、なんとそれをはめたままリングに上がってしまったことがあった。

1990年6月5日、千葉公園体育館大会の第5試合。渕正信と組んでタイガー・ジェット・シン&鶴見五郎と対戦したが、ガウンを脱ぐまでロレックスの着用に気づかなかった。幸い、シン組があとの入場だったので、その間にロレックスを外してセコンドに預けた。

原因として、当時の全日本を取り巻く状況が取り沙汰された。この約1カ月前の4月26日、全日本から天龍が新団体SWS移籍のために退団。さらに6月以降も離脱者が続出。退団予定の選手と馬場はシリーズ中に話し合いを重ねていた。腕時計の外し忘れ入場は、この時期の馬場の心労の表れとされる。

こんな時期だったためか、誰も馬場の腕時計に気づかなかった。それだけ団体内が混乱していたのだろう。それとも、進言出来なかったのか。

こんな話がある。元Uインターの高山善廣が全日本に上がり始めた頃、自分の試合が終わりシャワー室に入ると馬場がいた。「おう」と言う馬場に、「ご一緒に、失礼します」と高山は挨拶したが、実は全日本では、「馬場が済むまでは誰もシャワーを浴びてはいけない」という暗黙のルールがあったのだ。ところが、馬場は相好を崩し、「今日の試合はな……」と高山にアドバイスをし始めた。

高山は著書『身のほど知らず。』(東邦出版)でこう述べている。

〈勝手な解釈だが、馬場さんも本当は、もっとみんなに近づいてほしかったのではないだろうかと思う。何も考えずにシャワー室に入った俺を、馬場さんは笑顔で迎えてくれたのだ〉

その後、オフになると馬場は元子夫人を通じて何度も高山を呼び出し、ともに食事をした。話すのはプロレスの話ばかりだったが、楽しそうだったという。

小ネタ 馬場は、高山のトップロープをまたいでのリングインがいたくお気に入りだったとか。また、自分が喋るのは、主に昔のアメリカのマット界の素晴らしさ。「以前だったら、絶対にお前をアメリカに修行に行かせるんだけどなぁ〜」が口癖だったという。

馬場の最後のシングル戦の相手は師匠が同じあのレスラー

2000年の東京ドーム大会だった馬場の引退予定

〝最後〟というワードが感慨深いのは、プロレスも同じ。ジャンボ鶴田が最後にフォールを許したのは、後年のタッグパートナーで有望株として期待をかけていた田上明だった（1996年10月18日。馬場&田上&ドリー・ファンクJr vs鶴田&三沢光晴&秋山準）。

長州力は現役最後の試合で真壁刀義にフォール負け（2019年6月26日。長州、越中詩郎、石井智宏vs藤波辰爾、武藤敬司、真壁刀義）。若手時代の真壁は長州に「とても続かないと思っていた」と評され、落ちこぼれ候補だっただけに、後年は真壁の成長を絶賛。引退試合は大物選手がそろった6人タッグながら、真壁が長州に直接引導を渡す選手となった。

猪木最後の試合がシングル戦で、相手がプロレスと総合格闘技がボーダレス化し始めた時期のドン・フライだったことは、象徴的な出来事だったが、では、馬場が最後にシングルで戦ったのは誰だったか？

それはタイガー・ジェット・シン。1989年10月20日、自身の「デビュー30周年特別試合」

で対戦し、馬場が勝利した。この1カ月前にはブッチャーにフォール勝ちしており、これも30周年特別試合だった。実は馬場とシンは師匠が一緒で、〝喧嘩屋シューター〟として知られたフレッド・アトキンス。全米修行中だった力道山が勝てなかった強豪で、だからこそ力道山は馬場をアトキンスに預けたフシがあった。シンが全日本に参戦すると、馬場はこうコメントしている。

「投げ技への入り方が僕と一緒でね。あぁ、アトキンスに学んだんだなと思ったもんですよ」

1988年5月にアトキンスの訃報が入ると、シンは言った。「馬場もアトキンスに学んだんだろ？ だから俺も馬場をライバルと見て、闘志が燃えるんだ」

〝生涯現役〟を掲げていた馬場ゆえ、最後のシングルがシンだったのは偶然かもしれない。しかし、シン戦以降の10年、シングルは行わなかった。そして馬場は、引退の時期を親しい記者にこう明かしていた。

「2000年に東京ドームを取ったら、それが引退の時だと見ていいよ。その時は62歳。さすがに続けてできないと思う」

馬場は1999年1月、61歳で逝去した。結局のところ真相はわからない。だが、ブッチャーでなく、シンをシングル戦の最後にしたことに、天上のアトキンスが喜んでいることだけは間違いないだろう。

小ネタ アトキンスの愛弟子としては、他に、1980年代のプロレスファンには懐かしい、アドリアン・アドニスがいる。アドニス自身の発言によれば、マフィアの下働きのようなことをして糊口を凌いでいた時期、レスラーになるためアトキンスに会うと、「マフィアなんてやっていたら、俺が殺してやる」といきなり殴られたという。アドニスはすぐ足を洗ったそうだ。

1989年10月20日・愛知県体育館「デビュー30周年特別試合」馬場vsタイガー・ジェット・シン

ハンセンが特別な試合の前だけで見せていたあるパフォーマンス

現役最後の試合前でも見せた観客へのハット投げ

スタン・ハンセンが特別な試合前だけに見せていたパフォーマンスをご存じだろうか？　それは「テンガロンハットを客席に投げる」である。馬場との初対決でも投げたし（1982年2月4日、東京体育館）、1983年12月12日の「世界最強タッグ決定リーグ戦」最終戦（蔵前国技館）では、盟友ブロディと組み、鶴田&天龍組に勝てば優勝という試合前、ハットを投げた。勝利し、優勝賞金の小切手の大型レプリカを真ん中で2つに割り、ブロディと分け合ったハンセンは「いままでいちばん嬉しい思い出」と、この時のことを振り返っている。

2000年10月28日、シリーズ最終戦となる日本武道館大会の第4試合、ハンセン&スティーブ・ウィリアムス&ウルフ・ホークフィールドvs渕正信&藤原喜明&ジョニー・スミスでもハットを投げた。直後に次期シリーズの「世界最強タッグ」の参加チームが電光掲示板で発表されたが、ハンセンの名前はなかった。このため、「今年はこの試合が日本では最後」という特別な意味で投げたのだろうと考えたが、それは間違いだった。約3週間後、「世界最強タッグ」の開幕戦（11月19日、後楽園ホール）で、全日本の馬場元子社長（当時）が、ハンセンからの引退の申し出を了承したことを涙ながらに発表。先の試合はハンセンの現役最後の試合だったのである。

調べてみると、1981年、新日本プロレスの東京での最終戦である蔵前国技館大会でも投げていた（12月8日。猪木&藤波vsハンセン&ローランド・ボック）。この5日後、ハンセンは全日本に登場。ハット投げは、新日本ファンへの別れの挨拶だった。

そして、1988年12月16日、この年の「世界最強タッグ」最終戦（日本武道館）でも投げていた。パートナーはテリー・ゴディで、相手は天龍&川田利明。勝てば優勝であり、阿修羅・原の代役出場で、まだヘビー級の体になっていない川田を狙えば勝利は固いと思われた。しかし、そんな川田を見て観客の声援は天龍組に集中。もし天龍組が勝てば、まだ優勝の可能性があったことも声援を大きくした（勝てば鶴田&谷津組と同点決勝戦）。

結果は、ハンセンが天龍をラリアットで沈め、堂々のフォール勝ち。この年の最終戦を勝利で飾り、最強タッグを制した。同時に当時のシステムによって世界タッグ王座も獲得。また、この年の7月27日、ハンセンは天龍からPWF&UNヘビー級王座も奪取しており、まさに後半は獅子奮迅の活躍。ハンセンはそんな年の有終の美を見事に飾ったのだ。では何を思ってハットを投げたのか。

この1988年は、親友ブロディが亡くなった年であった（現地時間7月17日）。

小ネタ ハンセンといえばブルロープも代名詞だが、こちらを入場時に振り回す理由は、自分が極度の近視のため、「どいてくれ」という意味もあったとか（本人談）。

三沢光晴とドン・中矢・ニールセンが前田戦の2年前にリングで激突！

2代目タイガーマスクの相手に馬場がニールセンを指名

ドン・中矢・ニールセンといえば、前田日明と異種格闘技戦史上に残る名勝負を行ったマーシャルアーツ・ファイター（1986年10月9日、両国国技館）。その後も山田恵一（獣神サンダー・ライガー）や藤原喜明などを相手に日本で活躍したが、無名時代に三沢光晴（2代目タイガーマスク）と対峙していたのはご存じだろうか。

1984年8月15日、ロサンゼルスにあるボクシングジムで2代目タイガーマスクは秘密特訓を行い、この11日後に日本でのデビュー戦を控えていた（8月26日、田園コロシアム。vsラ・フィエラ）。当時を知るプロレス記者OBによれば、この時、馬場も三沢に同行。ジムで練習をしていた10人ほどのマーシャルアーツの若手選手を、三沢のスパー相手として品定めしたという。「あの選手がいい」と馬場が指名したのがニールセンだった。後年、その時の選手が前田と戦ったニールセンだと気づいた先のOB記者は、「馬場さんほどになると、他の競技への眼力もすごいのかな」と振り返った。

いざニールセンとスパーを始めると、意外なことに三沢は押され気味に。この8月の前半、三沢は埼玉県所沢市にある「士道館」で添野義三館長のもと、空手流のキックを習得。添野館長にキックを絶賛された三沢だが、突きは学んでおらず、スパーで初めて着用するグローブに戸惑いがあった。さらにニールセンのパンチが抜群の伸びをしており、三沢劣勢のままスパーは早めの終了となった。ニールセンはヘッドギアをつけていたが、三沢は日本から来たマスコミの写真撮影もあって、マスク姿のままで視界の悪さもあった。

「怖いのは左ストレートくらい」。2年後、ニールセン戦の行われる3日前、公開スパーリングでのニールセンを見た前田は言った。そして、試合開始直後、その左ストレートを食らう。もちろん、ヘッドギアなどつけておらず、顔面にクリーンヒット。以降、前田は、試合終了後にシャワーを浴びるまで、記憶をなくした状態で戦っていたのは有名なエピソードだ。試合後、前田はくも膜のう胞と診断され、脳が腫れていた。

後日、ニールセン戦について振り返るインタビューがあった（『週刊プロレス』1986年11月7日増刊号）。「今回の試合のような緊張感がプロレスにもなきゃダメなんだ」「殺《や》るか殺られるかっていう」。そんな熱い思いを語ったあと、前田はインタビューをこう締めた。

「それにしても俺、本当にニールセンに勝ったの？」

小ネタ 筆者も携わったムック（「逆説のプロレスvol.9」）のインタビューでは、ニールセンは前田戦を「リアル・ビジネス・ファイト」と表現。結末は決められてないが、やってはいけないことがあり、それは前田をノックアウトしてしまうことだったという。負けを義務づけられていたわけではないがゆえに、最後の前田の逆エビ固めでの敗退については、「痛かったよ！だからギブアップした」と述懐している。

日本で初めてブーイングが起こったのは全日本の後楽園ホール大会での試合

イリミネーションマッチも格闘技戦も全日本が先

1989年3月27日、後楽園ホールで行われた渕正信vs百田光雄、ジャンボ鶴田&谷津嘉章vs川田利明&サムソン冬木（フットルース）をテレビで観ていた時のことだ（関東では同年4月2日に放送）。渕vs百田戦は渕が百田を圧倒する展開で、タッグマッチは鶴田組（とくに鶴田）が、ほぼジュニアヘビー級だったフットルースを相手にワンサイドな強さを見せて試合が進んだ。だが、妙なことに気づいた。「ウー」だの「ズー」だの、会場から押し出されるような異音がするのである。テレビの故障かと思ったが違った。それは、初めて聞く、客からのブーイングだったのだ。

新日本プロレスが進取の気性に富むのに対し、全日本は保守本流の団体と思われがちだが、新日本より先に全日本が導入したものも多い。例えば、日本における最初のイリミネーションマッチを行ったのは全日本だ。1984年6月14日、後楽園ホールの馬場&鶴田&天龍&プリンス・トンガvsタイガー・ジェット・シン&上田馬之助&鶴見五郎&バズ・タイラーで、最後は馬場&

鶴田vsシンとなり、鶴田とシンが両者リングアウトで馬場軍の勝利だった。新日本本隊とUWF軍団の5vs5イリミネーションマッチより、約2年も先んじていた。

また、初の異種格闘技戦、猪木vsウィリエム・ルスカが開催される約1年8カ月前、全日本で以下の格闘技戦が行われている。「柔道ジャケット・マッチ　5分3R3本勝負　アントン・ヘーシンクvsゴリラ・モンスーン」（1974年6月13日、東京体育館）。

互いに柔道着を着る一戦で、異種格闘技戦とは主旨が違うが、格闘性を全面に謳ったカードだった。ヘーシンクはご存じ、東京オリンピック（1964年）の柔道金メダリストだが、対戦相手のモンスーンのスポーツ歴はアマレス、アメフト、そしてプロレスであり、柔道の経験はなかった。その意味では、異種格闘技戦とも取れるだろう。

試合は、1本目をヘーシンクが上四方固めで獲るも、2本目はモンスーンがなんとベアハッグでヘーシンクからギブアップを奪う。しかもグラウンド状態でのベアハッグだった。注目の3本目は、両者がタックルで相打ちになりともにダウン。10カウント直前にヘーシンクが立ち上がり、勝利を収めた。この試合がプロレス史のなかで格闘技戦として語られないのは、このフィニッシュも一因なのかもしれない。

ブーイングが起きなかった「たけしプロレス軍団」の登場

話をブーイングに戻すと、ブーイングは団体が自発的に持ち込んだものではない。あくまでファンの不満、怒りの表れとして自然発生し定着していった。そして、ブーイングはそう昔からあったものでもない。

いかにもブーイングが起きてそうな事件として、両国国技館が破壊されるほどの大暴動が起こった新日本の「たけしプロレス軍団（ＴＰＧ）」の登場がある（１９８７年12月27日）。両国の観客は、猪木の一存だけで急にカード変更された試合中、リング内に弁当殻や紙コップを投げ入れ、さらに声を合わせて「（試合を）やめろ！」コールを続けた。しかし、この大混乱のなか、「ブー」という声は聞かれなかった。当時はまだ、ブーイングという行為そのものを日本のファンは知らなかったのだ。

冒頭の１９８９年の試合のブーイング誕生の背景には、当時の全日本ファン、とくに後楽園ホールのファンの鋭敏な感覚があったように思う。この前年の10月26日より、全日本の後楽園ホール大会の動員は、その後5年以上にわたり超満員を継続。１９８９年1月には都内のＪＲの各駅に「みんなが格闘技に走るので、私、プロレスを独占させてもらいます」と大書きされた馬場のポスターが貼られた（世間でＵＷＦブームが起きていた時期）。プロレスを積極的に楽しんでいこうという土壌が全日本にできていた。

ブーイングの証拠映像があるのは1989年3月の試合

精査すると、実際に映像で確認することはできないが、１９８９年2月25日、後楽園ホール大会で、百田光雄が世界ジュニア王座に初挑戦した際、王者のマイティ井上にブーイングが飛んだという情報があった。ただ、証拠映像もあり、確実に断定できるのは冒頭で紹介した「全日本のテレビ中継で、初めてブーイングが音声として入った試合」ということになる。

グレーな結論になってしまったが、この試合のブーイングがファンの不満や怒りの表れではなく、渕、鶴田の強さに対してのものだったというのは意外に感じだ。この1カ月前のマイティvs百田の試合も同様に、王者、マイティの強さに対してのブーイングだったのだろう。挑戦者の百田はこの時40歳で、キャリア19年目にして初めての全日本のシングル王座挑戦。ブーイングはファンの判官びいきの気持ちを表したものだったと推測できる。

ちなみに、冒頭のタッグ戦で、谷津の攻撃に合わせ「オリャ！」という掛け声が飛んだのも、テレビ中継で確認できるかぎりではこの試合からだ。そしてバックドロップで冬木に完勝した鶴田には、退場時、試合中のブーイングとは打って変わって「つるた」コールが飛んだ。しかも、そこには新たな掛け声が添えられていた。

「つーるーた、オー！　つーるーた、オー！」と。

この時期の全日本の後楽園大会から、ファンが応援を能動的に楽しむ時代に突入したのだ。

小ネタ　同年4月16日の後楽園ホール大会の特別パンフレットの表紙は早くも大きく「オー！」「オーリャー！」の文字だけが書かれた仕様。とはいえ、こういった応援に不快感を感じる客もおり、難しいところだった。翌年、「ファンはともかく、会社が選手を面白おかしく扱うのはどういうことか」と公然と批判して退団した若手選手もいた。専門誌でも、「ファンのニーズを先取りし過ぎでは？」との声が上がっていた。

ノアで誕生した〝引き分け禁止〟の日本初の王座と〝角の生えた〟ベルト

「どうせ引き分けなんだろう？」という冷めた反応

以下はジャンボ鶴田がNWA世界ヘビー級選手権に挑戦した時のひとコマ。60分1本勝負の29分過ぎ、鶴田が王者リック・フレアーにジャーマンスープレックスを決め、レフェリーのジョー樋口が3カウントを叩いた。新王者誕生かと思いきや、結果は引き分けに。鶴田の肩もマットについており、ダブル・フォールとされたのだった（1982年6月8日、蔵前国技館）。

タイトルマッチで引き分けが歓迎されない結果なのはプロレスファンなら誰もが思うところ。1985年10月21日のリック・フレアーvsリック・マーテル（両国国技館。主催は全日本プロレス）では、2人が場外に落ちるたびに、テレビ中継からでも露骨にわかるほど観客から「あぁ……」という溜め息が聞こえた。この試合はフレアーとマーテルが、NWA世界王座とAWA世界王座をそれぞれ賭けたWタイトル戦だった。どちらかが勝って統一王者になるわけがないというファンの見方の表れが溜め息であり、端的に言えば「どうせ引き分けなんだろう？」という冷めた反応でもあった。

しかし試合は、両選手が何度も場内に落ちながらも30分を超える白熱の展開に。結局、34分3秒、両者リングアウトに終わったものの、最後は試合に興奮した声援を客席にあふれさせていたのは両王者ともさすがだった。

それから16年の後の2001年、ついに日本マットに〝引き分け禁止〟のメジャー王座が誕生した。ノアが認定するGHC王座は、時間切れ以外の引き分けを禁止。もし試合が時間切れ以外の引き分けに終わった際は、その場で再試合をすることが規定で明記されている（ヘビー級だけでなく、タッグやジュニアヘビーの同王座も同様）。この事実がそれほど知られていないのは、同タイトルマッチで再試合が行われたことが一度もないからだろう。そこにレスラーたちの高い自負心も見てとれる。

GHCベルトの意匠も個性的で、バックル上部には角のような2本の突起がついている。初代ヘビー級王者の三沢光晴も「気に入っている」としつつ、「ちょっと腹が出てるヤツは刺さるかも知れない（笑）」とコメントした（『チャンピオンベルトの魔力』ベースボール・マガジン社より）。同書での記者と三沢のやりとりにはこうもあった。

「普段からきちんと練習してシェイプアップしてる選手じゃないとベルトをつける資格がない？」（記者）

「そこまでの意図で（角を）つけたんじゃないですけど（笑）」（三沢）

小ネタ GHCベルトは半年をかけ、約1000万円を投じてアメリカで製作された力作だった。2019年、リニューアル。なお、角はなくなっていた。

馬場と同じ渋谷のマンションに住んでいたカリスマ俳優

200平米を超える立派な部屋

建物から見るプロレス史は面白い。昔の全日本プロレスの合宿所はジャンボ鶴田の所有物件で、設置された公衆電話もそうであった。携帯電話がないのはもちろん、テレホンカードも存在しない時代ゆえ、公衆電話は新弟子たちに頻繁に利用されていた。当時、全日本所属だった冬木弘道は「お金がすぐ満杯になるので、よく鶴田さんが管理しに来ていた」と振り返っている。

新日本プロレスの道場兼合宿所は、元は猪木の自宅だったが、その前は演歌歌手の畠山みどり邸。変わったところでは、猪木がオーナーを務めていたブラジル料理店「アントンリブ」本店は、元は俳優、田宮二郎の小料理屋「つくね」だった。猪木は1978年12月27日、翌年2月のオープンにあたり、神主を呼んでお祓いをしてもらったが、翌日、田宮の訃報が飛び込んできたので、「心底驚いた」という。他、力道山は自身の所有する「リキ・マンション」に、のちの首相となる中曽根康弘を住まわせていた。力道山は中曽根の提唱する「首相公選制」（議員でなく国民が首相を選ぶ制度）にいたく共鳴していたため、というのが理由だった。また、中曽根を住まわせていたのは、力道山の政界進出に向けた準備だったという説もある。

筆者は、渋谷区に現存する馬場が住んでいたマンションを取材で見学させてもらったことがある。その部屋は200平米を超える立派な広さだったが、意外なことに天井が低く驚いた。現在では築40年以上の物件で、取材に同行した不動産関係者によれば「そもそも天井の高いマンションという考え方がなかった時代」だったという。元全日本の関係者によれば「馬場さんは1階がそのまま駐車場なことを気に入ってましたね」とのことだった。

さて、その同じマンションに一時期住んでいたのが、松田優作。松田優作は大の猪木ファンと聞いたことがあるが（ドラマで共演した賠償美津子に猪木ファンと伝えたという事実がある）、同時にこんな発言も残っている。

「馬場さんを悪く言うヤツは許さん！　だって、同じマンションだからな！」（『悶絶！プロレス秘宝館 vol・3』より）。

その松田優作は、1989年に鬼籍に入る約1年前、プロレス会場にいる姿がテレビカメラに捉えられている。第二次UWFを取り上げたノンフィクション番組『地球発19時』（TBS）で、1988年8月13日の有明コロシアム大会の会場だった。

猪木、馬場に続いて、当時新進のUWFにも興味を持っていた松田優作。もし存命なら、闘魂三銃士や四天王プロレスをどう観ただろう、と思いは尽きない。

小ネタ なお、馬場は8階と9階に部屋を持っており、更には地下に自分用のトレーニング室を設けていた。

鶴田が死の3カ月前、最後に藤波に送ったFAXの内容

鶴田と天龍の最後のやりとりは電話

メールが主要ツールになる前、文面による連絡はFAXが主流だった。実際、1990年代の藤波辰爾宅には、よく選手からFAXが届いたという。なかでも、ビッグバン・ベイダーから届いたそれは、忘れられないものだったと藤波は振り返る。「帰宅したら、ベイダーから大量にFAXが届いてましてね。10枚以上はあって。内容？『いまのようなプロレスをやりたくない。日本でしていたような試合がしたい』と」。FAXが届いたのは1997年。短期間だが、ベイダーがWWF（現・WWE）に在籍していた時期だった。

ジャンボ鶴田からFAXが届いたこともあった。2000年2月という日付を聞いて驚いた。鶴田は前年の1999年2月20日、引退を表明。そして2000年5月13日、フィリピンの病院で臓器移植の手術中、命を落としていた。亡くなる3カ月前のFAXは、藤波と鶴田の最後のやり取りだった。

電話であれば、ライバル、天龍源一郎との最後の会話が知られている。

「引退することにしたから、源ちゃんにも報告しようと思って……」

「まだ、早いだろう？ もう一度、俺と試合しようよ」

「源ちゃんには、もうとてもかなわないよ（苦笑）。でも、そうだなあ。将棋でなら（笑）」

「しょ、将棋!?……わかった。今度は将棋で勝負だ（笑）」

実際は鶴田は亡くなる前に、移住先の豪州から帰国した際、天龍に電話をしている。しかし、この時は天龍が不在で、先述した会話が最後のやりとりとなった。

では、夢のカードとされながら、ついに一度の対戦も叶わなかった〝幻の好敵手〟藤波とはFAXでどんなやりとりをしたのか。

新日本道場で実現した鶴田と藤波のスパー

鶴田と藤波は、1979年8月の「夢のオールスター戦」で、ミル・マスカラスを含めたトリオを組んだこと以外、接触がほとんどない（vsマサ斎藤&高千穂明久&タイガー戸口）。比較的知られているのが、1978年の10月4日、新日本プロレスの道場を鶴田が渕正信と訪れ、藤波と合同練習をしたことだ。当時、全日本の道場が改装中だったため、練習場所を探していた鶴田が藤波に連絡。藤波が快諾し、実現した。練習開始は午後7時からで、昼は新日本勢の本隊が、道場を練習に使っているからであった。

ベンツで乗り付けた鶴田を道場で出迎えたのは藤波1人であり、鶴田は鶴田で「(昼に猪木らと)一緒にやってもよかったんだけど、練習の邪魔をしては悪いと思って」と笑顔を見せた。この邂逅は『東京スポーツ』だけが報じており、いわば東スポの紙面用の絵づくりでもあったが、それでも夢を壊さぬよう実際に練習に参加した鶴田は、さすがに大人だった。

持参したタイツに着替え、縄跳びやダンベル運動を始めた鶴田は、藤波に新日本伝統のトレーニング器具、コシティの使い方を教わるなど、和気あいあいと進んだ。そして鶴田はこう発言している。「僕と藤波さんが会ったといえば、すぐになにかと騒ぎ出す人がいるからね(笑)」。これに対して藤波は「ただそれだけなのに変に周りが意識させるから(笑)」と。そして、またも鶴田から前向きな発言が出る。「スパーリングしようか?」。藤波は「ウソでしょ! まずいんじゃないですか?」と返す。そう言いつつ、足の取り合いを中心に2人は技術を確かめあった(練習は午後9時に終了)。

プレステ2専用ソフト「オールスタープロレスリング」

全日本、新日本で、間違いなく〝ポスト馬場〟〝ポスト猪木〟として活躍の場を与えられてきた2人。それぞれが次代のエースだったからこそ、両団体が完全に分化していた前世紀は、リング上での接触を周囲が難しくしていた。そんな鶴田から引退の翌2000年に藤波に届いたFAX。その内容は意外にも、この年の6月8日に発売となる、ゲームソフトについてであった。

プレイステーション2専用のソフトでタイトルは「オールスタープロレスリング」（発売元はスクウェア）。猪木、長州、橋本といった新日本勢を中心に、鶴田や力道山など、引退した選手や他団体で活躍した選手も実名で登場する豪華版だった。わずか7行ほどの書面には、こんな風なことが書かれていた。

「今度出るゲームソフトには、いがみ合うことなく（2人が）登場します。春には帰ります。その時、一緒に食事をしましょう」

鶴田が臓器移植手術の失敗で永眠して5カ月後、新日本の東京ドーム大会のパンフレットに、黄色いカードが挟み込まれていた。それは、前年6月に新日本の社長に就任していた藤波の一声で添付されたもの。「ドナー・カード」で、臓器の提供について意思を示すカードだった。会場では臓器移植を支援する、以下の基金への募金箱が置かれていた。

「ジャンボ鶴田基金」

「同時代をプロレスに生きた遺志を継ぎたかった」と藤波は語った。

小ネタ 藤波の思いやりに感動していたのが、同基金の代表である鶴田保子夫人。「これまで両団体に接点がなかったのに……。主人はきっと、天国で苦笑いしていますわ」と夫の気持ちも代弁していた。

馬場がブッチャーに言われた忘れられない一言

「絶対に引退するな。俺もしないから」

伏字になっている情報は誰もが気になるところ。例えば1992年11月3日、船木誠勝が中央大学「白門祭」で行った講演会で、「モーリス・スミスに立ち技で対抗できる日本人レスラーが1人だけいる」と話したが、あくまで講演会に来たお客へのサービスということで、各専門媒体では、その名前は伏せられていた。安生洋二のことだったのだが、普通に言われるより、よほど気になったプロレスファンは多いだろう。ある専門誌でも、1980年代後半、こんな記述があった。

「馬場は、ブッチャーが全日本プロレス復帰時に言った一言が忘れられないという」

ところが、肝心のその内容が書かれておらず、復帰試合で勝利を飾ったブッチャーが、報道陣に対して「俺もハッピーだが、馬場もハッピーさ」と、しれっと出したコメントだけが掲載されているだけだった。

この「馬場が忘れられないブッチャーの一言」の記事を書いたのは、馬場とは昵懇の仲だった古参のプロレス評論家、菊池孝さん（故人）。その記事が出てから十数年後、菊池さんと知遇を得た筆者は折を見て、この時のブッチャーの一言について聞いた。「あぁ、それか」と仰り、明快に答えてくれた。

「『絶対に引退するな。俺もしないから』だったね」

時は1987年、すでに馬場が鶴田、天龍にメインを譲っていた時期だった。

ブッチャーが日本を主戦場にした悲しい理由

日本を主戦場にしていたブッチャーの来日回数はなんと140回以上。レコードを出したり、「サントリーレモン」のCMに出たり、『愛しのボッチャー』という漫画になったり、映画『吼えろ鉄拳』に出演したり、人気者として大忙しだった。

2000年代に入っても、全日本プロレスで鈴木みのると組んだり、「レッスルワン」で佐竹雅昭と相対し、果ては「ハッスル」にも登場するなど、全盛期を知らない若いファンにも知名度は抜群だった。2015年には、『朝日新聞』が「記憶に残る昭和の外国人レスラー」というアンケートを行いブッチャーは1位（2位がデストロイヤー、3位がハンセン。同紙5月2日付）。

一方で、1997年3月、吉本興業のニューヨーク公演で、島木譲二が得意のパチパチパンチを披露すると、なんとそこにブッチャーが登場。その場でパチパチパンチを披露した。これはアメリカの客への配慮であった。ブッチャーの知名度は、日本だけのものではなかったのである。事実、NWA世界王座にも何度も挑戦し、WWEの殿堂入りも果たしている。

では、なぜ地元といっていい、アメリカのリングを主戦場にしなかったのか？　前述の「サントリーレモン」のCMで共演した景山真澄の以下のコメントに、ヒントとなるものがあった。「撮影の時はみんなバスの中で着がえをするのに、ブッチャーさんは（中略）必ずトイレに隠れて着がえるの」（『週刊ポスト』1980年5月30日号）。

ブッチャーは、ネイティブ・アメリカンと、アフリカ系アメリカ人の間に生まれたハーフ。本人のこんな告白がある。「ネイティブ・アメリカンからも、アメリカ人からも、仲間ではないとイジメられた」。プロレスデビューをした1960年代は、まだまだ人種差別ははびこっていたのだ。

和田京平の次の回顧も鮮烈だ。「90年代に入っても、ブッチャーもキマラもなかなか白人のいる外国人控え室には入らなかったんだよね。で、通路に衝立やイスを用意して簡単な控え室をつくってあげると、こう言うんだ。『サンキュー、サンキュー』って。あのブッチャーが深々と頭を下げてね……」。ブッチャーに染みついた差別されているという意識。トイレでの着替えも、そんな意識を持って生き続けてきたからなのかもしれない。

アメリカの『ロサンゼルス・タイムズ』（2007年5月7日付）で、ブッチャーは日本定着の理由をはっきりと語っている。

「日本にいれば偏見の目で見られなかったから」

馬場亡きあとも、約20年現役を続けたブッチャー

そんなブッチャーも、2019年2月19日、ついに引退。もちろん引退の場は日本。会場は両国国技館だった。股関節を痛め、手術を予定しており、車椅子姿でリングに登場し、10カウントを聞いた。大会名は以下だった。

「ジャイアント馬場没20年追善興行」

ライバルの馬場亡きあとも、約20年現役を続けたブッチャー。両国大会のポスターには馬場とブッチャーが並んで写っていた。

ところが、大会終了後、ブッチャーは雑談のなかで、周囲にこう漏らした。

「手術が成功して、歩けるようになれば、またリングに戻ってくるよ」

ついさっき引退してばかりで、この一言。報道陣も内心、ズッコケただろうが、それは、天国の馬場に向けての言葉だったかもしれない。

小ネタ なお、馬場の訃報を日本のマスコミから受けたブッチャーの電話越しのコメントは、「頭の中が真っ白。この時点で、馬場の思い出話なんか出来るわけがないだろ……。会社やテリトリーが変わっても、レスラー同士の絆は本人たちにしかわからないものだよ」と、感情を隠さぬものだった。

馬場を乗せた霊柩車が遠回りして向かった場所

永遠の別れになる前の、最後の立ち寄り場

1999年1月31日午後4時4分、ジャイアント馬場永眠。2日後の2月2日に密葬が行われたが、遺体は棺に入れることができず、毛布にくるまれた。特注サイズの棺が間に合わなかったのだった。

この日は、自宅のある恵比寿から南西にある五反田の桐ケ谷斎場に向かう予定だった。ところが、実際は大きく迂回し、ほぼ逆方向の北東に向かった。そして、ある店の前を通ると、ようやくルートを桐ケ谷斎場に向けた。その店こそ、馬場が生前最も愛した場所、「ゴルフメッセ広尾」だった（現在は移転）。じつは逝去直後、新宿区の病院から自宅に帰る際も、車はスタン・ハンセンと名勝負を繰り広げた東京体育館、六本木にある全日本プロレス事務所、そしてゴルフメッセ広尾の前を通っていた。いよいよ永遠の別れになる前の、最後の立ち寄り場にもなっていたことが、ゴルフメッセ広尾への特別な思い入れを感じさせた。

大のゴルフ好きだった馬場だけに、ゴルフにまつわるエピソードは多い。1968年から始め、

ベストスコアは1988年に神奈川の相模原ゴルフクラブ（パー74）で出した80。ゴルフメッセ広尾の店員や常連客を集め、「GB会」というゴルフ好きサークルも結成していた。GBとは、「ジャイアント馬場」の略かと思えば、「ゴルフ・バカ」の略。そんな気の置けない仲間が集まるGB会を馬場は心底愛していたという。

ゴルフ場に田上明を同行すると親族と思われ、ティーイングエリアで馬場がドライバーの素振りをしていたら、キャディから「ここでパターの練習をしないでください」と言われたことも。〝東洋の巨人〟が持てば、ドライバーがパターに見えてしまうのだ。

馬場のゴルフに関する悩みに、自宅の庭にある倉庫がゴルフ用品で満杯になっていることがあった。「捨てるわけにはいかないし、BIGサイズだからもらってくれる人もいない」（馬場）。そんななか、馬場からゴルフクラブを譲られたことがあるのが、元バレーボール選手の川合俊一。テレビ収録の楽屋で一緒になった際、馬場から「川合くんは、ゴルフやるの？」と話しかけたのがきっかけだった。川合といえば195センチの長身。馬場のお眼鏡にかなったわけだ。

ゴルフの馬場、将棋の猪木

〝永遠のライバル〟猪木とも、こんな会話を残している。「俺、全然ゴルフ、うまくならないわ」（猪木）、「そうなの？　鶴田に弟子入りするとか言ってたじゃないか？（笑）」（馬場）、「ふふふ、だってそこは馬場さんに弟子入りじゃダメだし」（猪木）。1979年8月26日、「夢のオールスター戦」で2人がタッグを組み、メインでアブドーラ・ザ・ブッチャー&タイガー・ジェット・シンと戦う入場直前、2人を取り巻いていた全日本、新日本の選手がいなくなり、付き人を残して2人きりになった瞬間の会話だった。それまでの緊張感が解け、驚くほど穏やかで、にこやかな2人の会話だったたと、当時馬場の付き人だった渕正信の証言が残る。

ゴルフの腕はさっぱりだった猪木だが、意外なことに将棋は名誉五段だったのが面白い。大山康晴日本将棋連盟会長（当時）の署名入りで名誉五段の免状を贈られていた。詰将棋作家としても知られた内藤國雄九段と、たまたま電車で乗り合わせた際、内藤九段が持ち合わせた9手詰めの問題を、猪木は一瞬のうちに解いてみせたという。〝理詰め〟というと馬場のほうのイメージが強いので少々以外だったが、好きな駒は飛車というところは、なんとも猪木らしい。いわく、「居飛車は俺の性に合わない。四間飛車、三間飛車で相手をかき回すの、面白いだろう?」と、猪木のプロレスそのままの戦法を好んでいた。

馬場と猪木の趣味でわかる〝全日本と新日本の性質〟

個人プレーながら、仲間とワイワイしながら争うゴルフと、喧騒とは無縁の空間で完全な一騎打ちを行う将棋。全日本の所属だったサムソン冬木（冬木弘道）がよく、「全日本は助け合い、新日本は潰し合い」と言っていたが、馬場と猪木の、そして全日本と新日本の性質が、2人の趣味にも出ていた。

青空の下でプレーするゴルフが大好きだった馬場は、日本中のコースを回ったという。とくに海の見えるコースと富士山が見えるコースが大好きだった。GB会が主催した馬場の追悼コンペも、そんな馬場を悼み、海と富士山が見えるコースで幾度も行われた。馬場のこんな発言が残っている。

「興行日程はなるべくきつくなるようにしている。試合日程がきつい分だけ、その後の2週間前後の休みが楽しいんだ。休みになったらゴルフをしよう（中略）と考えると、きつい日程も苦しくなくなる」（『朝日新聞』夕刊・1993年10月23日付）。

そして、馬場はこんな言葉も残している。

「その人が仕事も何もしてないで、ただ単にやることがないから、退屈しのぎに一日中海を眺めているとしたら、果たしてこんなに感動的で幸福な気持ちになれるんだろうか」（『スポーツ伝説8』ベースボール・マガジン社）

霊柩車がゴルフメッセ広尾の前を通った時、店長をはじめとする面々が、店前に整列し、深々とお辞儀をして見送ったという。

小ネタ 馬場のもう1つのお気に入りが、ドラマ「水戸黄門」で、毎回ビデオ録画していた。長寿番組ゆえ、過去のシリーズの再放送があれば、それも漏らさずに録画。ただ、「すべての話が似通ってるので、同じのを2度観てしまっていたこともあった」とか。

若手時代の小橋建太が髙田延彦の助っ人に！

山崎一夫、安生洋二、中野龍雄のチームメイトに

1988年6月23日、夢のコラボが実現していた。髙田延彦の助っ人に、小橋建太が現れたのだ。髙田にとっては第二次UWFが旗揚げされた翌月であり、小橋は同年2月26日にデビューしてから4カ月後。この日に2人は出会っていた。場所は駒沢公園野球場。そう、野球の試合において、このドリームタッグが実現していたのだ。

もともと少年野球でオール横浜に選ばれるなど、野球の実力も抜きんでていた髙田は、この時期、自らの草野球チーム「アパッチ野球軍」を持っていた。この日は、世田谷区のタクシー会社率いる「キューピー」と激突。区内では有名な強豪チームだったため、助っ人を呼ぶことに。髙田の頭に真っ先に浮かんだのが、新日本プロレス時代の同期の仲野信市。若手時代、髙田vs仲野は日本武道館で第1試合に組まれるほどの好敵手だった。仲野は、山本昌（元中日ドラゴンズ）などを輩出した名門・日大藤沢高校の野球部出身でもあった。

当時、仲野は全日本プロレス所属で、そのルートから全日本の若手だった小橋も助っ人として

連れて行かれたのである。当時の全日本の若手では、他に菊地毅や北原辰巳（のちに光騎）もいたが、スポーツ経験は、菊地は水泳、北原はサッカー。野球の心得があるのは小橋のみだった。

高田率いるアパッチ野球軍には、他に山崎一夫、安生洋二、中野龍雄がいた。小橋はこれらUWFの面々とも初顔合わせしたことになる。残念ながら、アパッチ野球軍は4vs2で「キューピー」に完敗。肝心の小橋の活躍だが、2塁へ全力のヘッドスライディングを決める場面もあり、走者として目立っていたという。

じつは小橋は、小学校時代は野球一筋だったのだが、家庭が裕福ではなく、監督から野球道具を譲ってもらっていた。しかし、これがエコひいきと捉えられてイジメに遭っていたことも。中学校以降は本格的に道具代がかかるため、野球部入りを断念。そんな不遇な野球少年だったにもかかわらず、この日の小橋は、アパッチ野球軍の助っ人として常に全力ファイトでプレイしたという。若手の頃から、ファンが愛する小橋の姿勢は不変だったわけだ。

ところでこの草野球の日、新日本でデビューした選手がいた。鈴木みのるだった。横断幕や出身アマレス部の応援隊もつく鳴り物入りのデビュー戦だった。そんなみのると小橋は、2005年1月8日、GHCヘビー級選手権で対戦し、王者の小橋が勝利。デビュー当時、何の肩書もなかった小橋だけに、重ねてきた努力の重みがいやがおうにも知れた瞬間だった。

小ネタ 高校時代野球部で、大の小橋ファンだったのがKENTA。野球部のロッカーに小橋のシールをベタベタ貼り付けていた。

〝太っ腹〟天龍！ パンフレットを観客全員に3回も無料プレゼント！

B4サイズでカラー40ページの豪華版

天龍源一郎は、2015年11月15日、両国国技館にて引退。この日のチケットは早々に売り切れ、開催間近には、主催の天龍プロジェクトがHPやSNSで「当日券の販売はございません」と繰り返し発信するほどの人気ぶりだった。

そんな天龍の引退興行で行われた〝太っ腹〟サービスが当時話題となった。それがパンフレットの無料プレゼントで、B4サイズでカラー40ページの豪華版だった。これを当日の会場入場時、詰めかけた1万522人（満員札止め。主催者発表）の観客全員に配られたのである。

しかもこの太っ腹なサービスは、天龍の節目となる大会で過去2回も実施されていた。一度目はWARの旗揚げ戦（1992年7月14&15日、後楽園ホール）。全日本プロレスから移籍したSWSがわずか2年で解散し（1992年6月）、このSWSの道場別制度で天龍が率いていた「Revolution」の選手たちとの再出発だった（発売当初のチケットはWARの名称はなく、「Revolution単独興行」と印字されている）。観客に配布されたパンフレットはカラー4ページの小冊子だったが、仲間たちだけでリスタートできるという喜びにあふれた旗揚げ戦だった。

二度目は、WARの最終興行（2006年7月27日、後楽園ホール）だった。観客に配布されたパンフレットは先の引退興行に負けぬ豪華仕様で、WARの14年の歴史をたどっていた。

天龍にとってWARは茨の道だった。旗揚げ時、SWSから1年間の資金提供が約束されていたが、これが反故にされる。理由は同じくSWSが資金提供していた藤原組の東京ドーム大会（1992年10月4日）での藤原喜明戦のオファーを天龍が断ったこと。天龍はこの時期、新日本プロレスと抗争中で、勝ち進めば東京ドームという大舞台を新日本が用意する流れは必然の状況だった。新日本より先に東京ドームのリングに上がるのは、新日本に対する礼を失すると考えたのだ。

SWSの援助が途絶えて以降、天龍は必死にもがいた。新日本との抗争で天龍は、猪木にピンフォール勝ちするまでの偉業を達成したが（1994年1月4日、東京ドーム）、WARと新日本の団体としての抗争は終息してしまう。新たな抗争を求めるも、WARの両国大会で大仁田厚にフォール負けした日、ファンは泣いた（1994年3月2日。天龍&阿修羅・原vs大仁田厚&ターザン後藤）。ミル・マスカラスやボブ・バックランドのレジェンドたちを呼んで喜ばせてくれる傍ら、フリー参戦のケンドー・ナガサキは消火器噴射を武器にし、会場を噴煙で白く染めた。義理の弟であり、団体の社長であった武井正智氏（素人）が、天龍を含めたトリオでリングに上がったこともある。末期は末端インディ勢とタッグも。詳細は秘すが、試合が終わるとパトカーが来ていた。参加していた某選手があるレスラーへの恐喝の容疑で連行されたのだった。

この時期、天龍と酒席で会話する機会のあった筆者は、思うところを天龍に伝えた。「天龍源一郎があんな人たちと組み、闘うのを観るのは哀しい」と。天龍は言った。

「お前な、この世界には、俺が一言、ウンと言えば、丸く収まることがたくさんあるんだよ」

この天龍に、理想だけをぶつけた自分を恥ずかしく思った。

WAR最終興行で売り出された福袋には、同じ種類のトランプが5つ入っているなど何でも飲み込んで、ただただ遮二無二突き進んだ同団体を彷彿とさせた。ラストマッチは、天龍が新日本に上がるきっかけとなった。反選手会同盟との8人タッグマッチ。こちらを勝利で飾った天龍の最後の挨拶は、「これからは、皆さんが頑張る姿を、僕に見せて欲しい」という、殊勝なものだった。1つの使命を終えた安堵が感じられた。

天龍よ、WARよ、14年間ありがとう。

小ネタ WARの最終興行は同団体にとって6年ぶりの大会だった。開催のきっかけは、ファンがボードや直談判で天龍に熱望したため。天龍は盟友、阿修羅原の引退時も、最後は自らのフォール勝ちで介錯しており、ケジメを重んじる天龍らしさがよく出ていた。なお、天龍がWARを旗揚げした際、選手たちに言ったのは「(前団体で2年2カ月で終了した)SWSより一日でも長くやろう」。この意地も天龍らしさだった。

第3章 UWFと格闘技

ＵＷＦの旗揚げポスターに載ってなかった坂口征二と藤波辰爾

猪木、タイガー、長州、アンドレ、ホーガン、ブッチャーが載ったポスター

第一次ＵＷＦといえば、社内クーデターの勃発などで新日本プロレスに嫌気が差していた猪木の受け皿として１９８４年３月に設立された団体（同年３月８日が事務所開き）。前年、新日本を離れていた新間寿の肝煎りで、４月11日（水）より毎週夜８時から、フジテレビによるレギュラー放送も計画されていた。結局、猪木の不参加により、フジの同枠は急場凌ぎのクイズ番組『ザ・わかるっチャー』が放送される。この番組は、フジで前クールに終了した『クイズやじうまスコップ』（毎週木曜日夜８時放送）の司会を務めていた西川きよし、山村美智子（同局アナ）がそのままスライド登板するというドタバタぶりだった。補足すると『ザ・わかるっチャー』の初回放送日は、第一次ＵＷＦの旗揚げ日（４月11日）であり、旗揚げ戦の生中継を見越したものだった。

加えて、４月18日の２回目の放送は開始したてのクイズ番組ながら、夜７時半から１時間半の特番で放映された。本来なら、その前日17日に行われた第一次ＵＷＦの蔵前国技館大会を大特

集するための拡大枠だった。

そんな大きな期待に彩られていた第一次UWFだけに、旗揚げシリーズのポスターも誇大そのものだった。中心に新間を配し、「私はすでに数十人のレスラーを確保した」の文字とともに並ぶ、猪木、初代タイガーマスク、長州、アンドレ、ホーガン、ブッチャーらの写真。新日本に上がっていた有名選手ほぼ全員だったが、それでも載ってない新日本のレスラーが2人いた。坂口征二と藤波辰爾だった。

坂口は新日本で実務を執り行う副社長で移籍は難しい立場。では、藤波はいわゆる〝新日本愛〟が強すぎるために移籍はないと判断したのか？　しかし、新間の答えは違っていた。

「UWFに誰を連れて行きたいかとなった時、一番に浮かんだのが前田だったんです」

2人は前年のタッグリーグでコンビを組んでおり、藤波を呼べば前田より上の格に位置されることは確実。これを新間は考慮した部分があった。

旗揚げから8カ月が経った1984年12月19日、興行的に苦戦した第一次UWFは藤波に正式に前田戦を申し入れたが、新日本は黙殺。UWFの営業車が新日本の会場に乗りつけ「藤波、出て来い！」と煽ったこともあり、興行のテコ入れとしてとにかく話題が欲しかったのだ。

この1年後、第一次UWFは提携という形で新日本に復帰し、藤波と前田も一騎打ちを行った（1986年6月12日、後楽園ホール）。この試合が観られただけでも、意義ある別れと再会だったと思わせる名勝負だった。

小ネタ　ポスターの件もあり、第一次UWFの旗揚げ戦では、客席から「猪木」「長州」コールが。メインを締めた前田はマイクを持つも、途中で叩きつけてしまった。

ＵＷＦ主催興行に参戦した猪木は大会終了を待たずに途中で帰った！

前田解雇の原因はＵＷＦ主催興行の可能性も

２０００年6月9日の全日本プロレスの日本武道館大会でのことだ。全試合終了後、大会総括のコメントを取ろうと、当時の社長・三沢光晴の控え室の扉を報道陣が開けた。

「⁉」

控え室の中はすでにもぬけの空。誰もいなかったのだ。7日後、全日本を退団した三沢たちの新団体、プロレスリング・ノアの設立が発表された。

選手が途中で帰ってしまう大会、それは取りも直さず、内部の軋轢を意味する。例えば１９８８年12月3日、ジャパン女子プロレスの後楽園ホール大会で、大仁田厚vsグラン浜田が組まれたが、これに女子選手たちが猛反発。全試合の最後に大仁田vs浜田が行われると、この試合が終わる頃には、ほぼ全員の女子選手たちは帰ってしまっていた。

同様の事態はＵＷＦでも起こっていた。新日本プロレスとＵＷＦが提携していた１９８７年2月28日の後楽園ホール大会でのことだった。前年1月から新日本のリングに上がっていいた

ＵＷＦだったが、提携条件として、いくつかの主催興行の開催を出しており、この大会がその第１弾だった。興行自体をＵＷＦの大会にするという意味でなく、興行を主催する組織がＵＷＦであるだけで、株式会社ＵＷＦをつくっていた前田たちが、資金をプールするための大会だった。

実際、メインカードは、前田&藤原&木戸vs藤波&武藤&ジョージ高野（前田が武藤に勝利）、セミは猪木&坂口vsスティーブ・ウィリアムス&ジェリー・グレイ（猪木がグレイに卍固めで勝利）という、通常の興行と変わりないものだった。

ところが、前田は試合後、「会場の空気が昔に近いものがあって、ＵＷＦとしては嬉しかった」とのコメント。そう、ＵＷＦ主催大会はいつもの新日本の大会とは、ファン層が違っていたのだ。セミの猪木の試合で、こんな野次が飛んだ。

「猪木、帰れー！」「早く終われー！」

当時、この大会を取材していたプロレス記者が思い返す。

「猪木さんは退場時もすごく不機嫌な表情で、試合後のコメントは取れなかった。猪木さんが何も言わずに、すぐ帰ってしまったからです」

同年８月にはＵＷＦ主催興行の第２弾が行われたが、なんと猪木の参戦はなしだった。11月に前田が長州顔面蹴撃事件を起こすと猪木は、「プロレス道にもとる」と非難。そして前田は解雇となった。

小ネタ この新日本と提携時代の「株式会社UWF」に入門したのが高山善廣。だが、右肩の負傷により1カ月で退団。夢を諦めきれずUインターに入り直したのだった。

平成初の日本武道館での興行はUWFでメインは前田vs髙田

昭和最後の試合は猪木&藤波&長州のトリオが登場

平成で最初に日本武道館が使用されたのはプロレスだった。昭和天皇が1989年(昭和64年)1月7日の午前6時33分、崩御され、この日より元号は平成となった。プロレス界も喪に服し、この日と、翌8日の興行を自粛。9日に全日本プロレスの石巻市総合体育館大会が行われ(他の団体は興行なし)、第一試合、つまり平成最初の試合は、百田光雄vs北原辰巳(現・北原光騎)だった(百田がバックドロップで勝利)。

昭和天皇の崩御で日本武道館も3日間の使用自粛となり、1月7~9日の間、使えなかった。この時期の武道館使用に関して、「ツキがあったのかも」と語ったのが前田日明。第二次UWFの大会日が自粛明けの1月10日に決定しており、平成初の武道館大会となったのだ。

この日の大会は日本初のクローズド・サーキットが行われ、大阪と名古屋の2会場で計1350人を集めた。平成初の武道館大会にふさわしい、エポックなイベントともなった。ちなみに、人気柔道漫画『YAWARA!』の実写版映画のワンシーンに、今大会のメイン、前田vs髙田延彦が登場。当時トップアイドルだった浅香唯が演じる主人公・柔ちゃんが、友人のカメラマンの思いつきで第二次UWFを一緒に観に行き、リングサイド最前列に座って観戦している。余談ながら、当時のUWFはチケットが即日完売するほどの人気だったので、映画の中の柔ちゃんが最前列に座れたのは、マスコミであるカメラマンによる招待券の便宜か関係者席でのコネ観戦だろ、などと思ってしまった。

では、平成になる直前、昭和最後の試合はなんだったのか？ それは昭和64年1月6日に行われた新日本プロレスの後楽園ホール大会のメイン。カードは猪木&藤波&長州vsビッグバン・ベイダー&クラッシャー・バンバン・ビガロ&リップ・モーガン。これが昭和最後の試合となった。

ちなみに猪木&藤波&長州のトリオが実現するのは、1982年10月8日、長州が藤波に反旗を翻した「かませ犬」事件以来（vsブッチャー&バッドニュース・アレン&SD・ジョーンズ）。場所も同じ後楽園ホールだった。長州の反逆や他団体転出という恩讐を越えた昭和最後の猪木&藤波&長州のトリオの試合は、最後、猪木がモーガンを卍固めに決め、昭和の有終の美を飾った。

そして平成元年となった2月22日、猪木は長州にシングルで敗退し、7月には参院選に当選。メインストリームからは外れる形になった。平成元年は、まさに時代の変わり目となった年だったのだ。

小ネタ なお、新日本は平成元年1月8日の後楽園ホール大会を一部問合せで「やります」としたため、猪木、坂口、藤波が会場1階でファンに中止を告知する破目となっていた。

ヒクソン・グレイシーは最初、髙田が道場破りに来たと思っていた

安生洋二の道場破り事件の顛末

1994年12月7日、安生洋二は、米・ロサンゼルスにあるヒクソン・グレイシー道場に〝道場破り〟を敢行。アメリカでUWFインターナショナル（以下Uインター）のブッキング仕事をしていた笹崎伸司をUWF代表（後述）として交渉のもと、ヒクソンと一騎打ちをしたが、計85発ものパンチで顔面をボコボコにされ、血まみれに。マウントを取られた状態から、ヒクソンの足首を取るため、自らうつ伏せになったところをチョークスリーパーで惨敗した。まだ日本に柔術の技術が流布される前で、こちらの動画を観た佐山聡が、「（安生選手は）やってはいけないことをたくさんやってしまっていた」と指摘したが、これは1つには、マウントを取られてから体を反転させてしまう行為を指していると思われる。さて、以下はその2日後、ヒクソンよりマスコミに出された書面の一部である（※拙訳）。

『私は、このUWF代表が〝タカダ〟と思い、挑戦を受諾しました。私がストレッチをしていると、彼らは奥に停めてあった車の中から、見知らぬ男を連れて来ました。この見知らぬ男と、

私は戦うことになったのです。戦いが終わった後、日本人の生徒が、私が戦ったのは、安生というUWFのファイターだと教えてくれました』

笹崎を髙田だと勘違いし、加えて挑戦を受け入れたが（※笹崎も新日本プロレスでデビューした、元プロレスラー）、代わりに試合に臨んだ、安生のことも知らなかった。この時までに、Uインター側は何度かヒクソンに対戦要望をFAXで迫っており、ヒクソンは髙田という選手の存在は知っていたが、その顔までは知らなかったのだ。また、事前にUインターは、FAXで安生が挑戦に行く旨を通達（※11月11日）。ただ、それがいつなのかを明記しておらず、実際、3週間以上経っていたため、ヒクソンの記憶もおぼろげだったというのが正直なところだろう。

当時の報道で明かされなかったことをいくつか挙げたい。1つは、安生はそのまま道場に入ったわけでなく、先ず、ヒクソンと隣接した事務所に入った。そこで、安生は「ここでやっても良いが、日本でビジネスとしてやる方向性もあるのだが」と提言も、ヒクソンの答えは、「NO」だった。

この道場破りの顛末については関係各位に何度となく話を伺って来たが、先ず、ゴルフコンペ中、安生から敗退を国際電話で報告された鈴木健取締役の反応が印象的だ。

「えぇ!? 困るよ。また明日、行って来てくれない？」

「いや……明日はちょっと……無理ですねぇ……」（安生）

軽い感じに思われるかもだが、鈴木氏としては、「安生が負けるわけがない」と信じており、電話を切った直後、コンペに同行していた垣原賢人が、こう呼びかけている。「鈴木さん！ 大丈夫です！ 僕たちがいますから！」このくだりについて、「ご自身が行くつもりだった？」と筆者が問うと、垣原は言った。「いや、もう、びっくりするくらい鈴木さんが落ち込んでまして。僕としてはそう言うしかなかったんですよね……」

安生が当時を振り返り気にしてること

当時の報道で語られなかったというか、後年明らかになった秘話の2つ目は、この一戦の存在が、リアルな意味で『PRIDE・1』（髙田vsヒクソン）に繋がったという事実である。当時、ヒクソンの窓口は、日本プロシューティング協会とその周辺に限定されており、格闘技関連以外のイベンターが連絡を取れる状態ではなかった。ところが、意外なところから、ヒクソンへの連絡先が漏れることになったのである。

『RICKSON GRACIE JIU-JITSU ACADEMY（310）444-06（以下略）』。こう大書された看板の下でポーズを取る安生。それは、道場破りを前にした彼の、ヒクソン道場前でのスナップであり、専門誌『格闘技通信』（1995年1月23日号）に載った一枚だった。後半の数字は電話番号である。

写真では完全に明示されていたこちらに、日本のイベント関係者が連絡。ヒクソン側とのコンタクトに成功し、『PRIDE・1』に繋がったのだった。

そして、安生が当時を振り返り気にしていることを一つ。「あの頃、Uインターは、世界的に人気があって……。その関連で、僕はヒクソン戦のすぐ後、イギリスに飛んで、子供番組に出なきゃならなかったんですね。顔がヒクソンに殴られてボコボコの状態でね。あれが結局、オンエアされたのかが、気になるなあ～」。詳細をご存知の方は、ぜひ編集部にご一報頂ければ幸いだ。

個人的に心に残った発言も挙げたい。安生がヒクソンの道場に、一歩足を踏み入れた時の述懐である。

「道場がL字型になっていたんですね。だから、奥が（曲がって）死角になっている。あの奥に連れ込まれるとヤバイなあと思いました」

恐怖と隣り合わせの中、戦った安生を、ヒクソンは前出の書面で、『アンジョウ氏は、正々堂々と戦い、男らしく敗れました』としている。

小ネタ 以降、打倒ヒクソンがプロレス界の至上命題になり、数々のレスラーが名乗りを上げたが、大日本プロレス（当時）のケンドー・ナガサキもその1人。友人の編集者が1995年、こちらをテーマに話を聞いた時だ。「弟のホイスさんについては、どう思われますか？」ナガサキの返答は、予想外のものだった。「ん？ ヒクソンて、弟がいるの？」。「どう考えても、準備不足でしょ！」と、取材後の友人は、あぜんとしていた。

1989年1月10日・日本
武道館・UWF・前田
vs髙田延彦

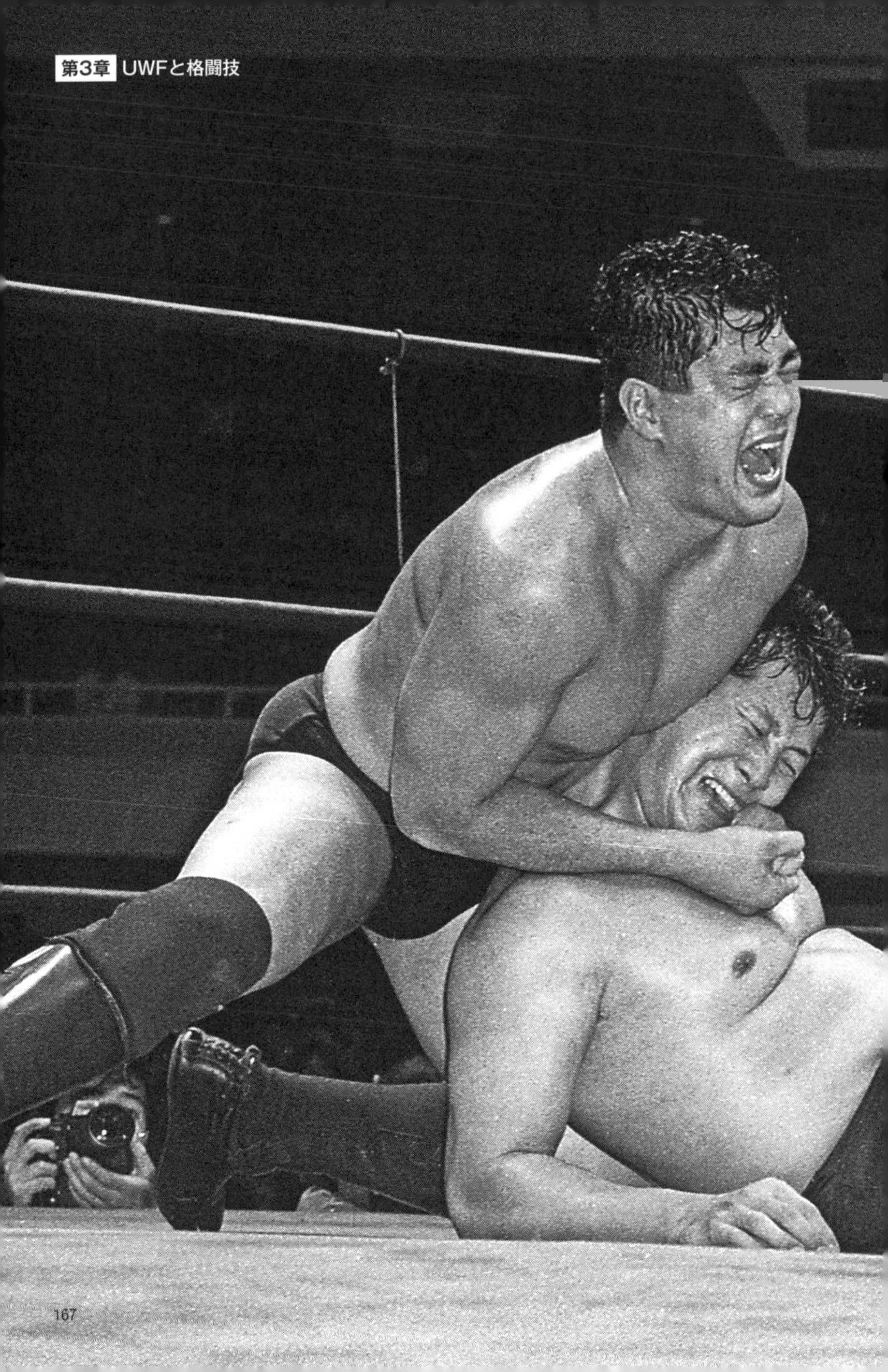

〝400戦無敗の男〟ヒクソンは本当は一度だけ試合で負けている！

ヒクソンに勝利したのはのちの全米柔道連盟の事務局長

〝400戦無敗の男〟として知られるヒクソン・グレイシーだが、この異名は、日本プロシューティング主宰（当時）の佐山聡がつけたもの。1994年7月の日本初試合にあたり、ヒクソンが、「この13年間、300か400試合くらいやっているが、一度も負けてない」と話したことに由来している。そして、これからちょうど5年が経ち、船木誠勝がヒクソン戦に向けて動き出した1999年の7月には、〝450戦無敗の男〟と、勝利数が少し増えて報じられていた。5年経って数字が変わらないのはおかしいというわけだ。

ただ、実はヒクソンは、一度試合で負けたことがある。時期は、第1回UFC大会で弟のホイスが優勝し、「俺の兄貴は、俺より10倍強い」と口にした1993年。アメリカのオクラホマ州ノーマンで行われた「全米サンボ選手権」での試合だった。

このサンボ選手権で、ロン・トリップなる選手と戦ったヒクソンは、0分47秒、内股で投げられ一本負け。公式記録としては、これがヒクソンについた唯一の黒星である。このトリップ選手は、ヒクソンより5歳上の40歳（当時）だったが、身長180センチで体重92キロと、178センチ、84キロのヒクソンを体格で上回り、サンボ十段、柔道ではのちに六段を取得するほどの組み技系の実力者だった。現在は全米柔道連盟の事務局長も務めている。

ヒクソンは、やはり自分に負けがつくことに屈辱感があったのか、大会のルールについて誤認があったとのちに発言している。しかし、当時のヒクソンに内股を決めること自体、快挙であり、一本がなく試合が続いていたとしてもトリップ選手が判定勝ちしてした可能性が高かったという。

そのヒクソンに、「今まで戦ったなかで、私の次に強い男」と言わしめたのが船木誠勝。2人は2000年5月26日、東京ドームで対戦したが、ヒクソンは8分過ぎ、目にパンチをもらい、そこから猪木アリ状態のようにヒクソンが仰向けで船木の攻めを待つ形に。パンチをもらった瞬間、ヒクソンは両目が見えなくなり、真っ暗な状態だったのだ（のちに眼窩底骨折と判明）。それをごまかすために寝そべると、船木も何かの罠があるのかと思い入って行けず、ヒクソンの足を蹴るばかりだった。次第に片目の視力が戻り、最後は船木がチョークスリーパーで落とされた。

この一戦で、船木は引退（のちに復帰）。ヒクソン戦は試合でなく、決闘と捉えていたため、「負け＝死」としていたのだ。実際、船木はセコンドにタオルを用意させていなかった。そんな船木の心情も含めて、ヒクソンは「私の次に強い男」と認めたのだった。

小ネタ ヒクソン戦のちょうど1年後の2001年5月26日に船木にもたらされたのが、何とハリウッド映画の主演としてのオファー。映画は『シャドー・フューリー』というアクションもので、引退していた船木だけに、「実戦より、画面に映える肉体を意識した」という、現役期とは違った筋肉美を披露している。なお、ヒクソンにも俳優デビューの話があると会見で振られると、「映画では負けたくないですね」と笑っていた。

アレキサンダー・カレリンの日本での初リングは新日本の「G1 CLIMAX」

「バルセロナ五輪が終われば、プロレスラーを目指す」

新日本プロレスで現在も続く「G1 CLIMAX」。その第1回大会（1991年）の顔ぶれは壮観だった。藤波、長州、武藤、橋本、蝶野、ビッグバン・ベイダー、クラッシャー・バンバン・ビガロ、スコット・ノートンの計8名が2リーグに分かれ激闘。まさに「G1＝グレード・ワン」なイベントだった。ところが、その8人が載るポスターを前に、こう言ってのけた男がいた。

「私なら、ここにいる全員を、1分以内で倒すことができます」

誇張とも取れなかった。言ったのがアレキサンダー・カレリンだったのである。

オリンピックのアマレスで3大会連続の金メダルを獲得し、前田日明の引退試合の相手を務めた〝霊長類最強の男〟カレリンの日本初リングは、第1回「G1 CLIMAX」だった。両国3連戦初日の8月9日、第4試合終了後に、同じロシアの選手であるウラジミール・ベルコビッチと1分間のスパーをリングで披露。カレリンは、新日本のアマレスラー強化組織「闘魂クラブ」の所属とされ、「来年のバルセロナ五輪が終われば、プロレスラーを目指す」と新日本広報からの発表もあった。

カレリンの登場は、ソ連国家スポーツ委員会と提携し、1989年から多くの「ソ連軍」プロレスラーを産み出した新日本のパイプによるものだったが、1991年のこの時期にはすでにソ連レスラーの商品価値は落ちていた。新日本広報の発表も、猪木・新日本にはよくある青写真にすぎない未決定事項の内容だった。しかし、筆者は意外な事実を新日本関係者から聞いたことがある。「スパー前、カレリンが控え室で、スリーパーホールドを披露していた」と。

カレリン登場の両国大会での話だった。実はカレリンの父親はボクサーで、カレリンは13歳でアマレスを始める前、父親から2年間ボクシングを学んだ格闘技少年だった。他競技にも興味の尽きない性格だったというカレリンは、スパー前の準備運動として控え室でスリーパーを披露した。また両国でのスパーでは、開始直後に柔道方式の一本背負いも見せ、幅広い他競技への造詣を示した。

2000年3月には地元ロシアのマスコミに向け、「バーリ・トゥードをやってみたい」と表明。ただし、「(同年)8月のシドニー五輪で金メダルを獲ったら」の条件がついており、現実には銀メダルに終わりプロ転向は幻に終わった。

カレリンは前田との引退試合に臨む1カ月前、リングスの日本武道館大会をリングサイドで観戦(1999年1月23日)。唯一、大きく手を叩いて喜んだ瞬間があった。それは、高阪剛が田村潔司を鮮やかな払い腰から腕ひしぎ十字固めに極めたシーンだった。

小ネタ カレリンは前田戦を前に以下のコメント。「非常に嬉しい。私とやりたいと言ってくれる人が近年はいないので」。逆に規格外の強さが伝わった。

前田にリングス入りを勧誘された中邑真輔の返答は「新日本に入りたい」

「お前、明日からウチに新弟子として来ないか?」

前田日明の慧眼は知られたところ。のちにPRIDEで活躍するアントニオ・ホドリコ・ノゲイラもエメリヤーエンコ・ヒョードルも初来日は前田率いるリングスだった。WJでデビューし佐々木健介の内弟子として成長していった中嶋勝彦も、初めに目をつけたのは前田だった。2000年、中嶋の中学1年時の全国空手道大会優勝を前田が観戦しており、中学卒業後のリングス入りが内定していた(2002年3月、リングスの活動休止により実現せず)。そして、あの中邑真輔を、最初にプロに勧誘したのも前田だった。中邑が青山学院大学のアマレス部当時、交流のあった和術慧舟會勢とリングスの道場に出稽古に行くと、前田が声をかけたのだ。

「お前、明日からウチに新弟子として来ないか?」

「いえ、自分は新日本に入りたいからいいです」

前田の眼力もすごいが、こう返す中邑もすごい。リングスが海外修業制度を取り入れてなかったのも中邑が断った理由の一つだが、のちのインタビューで、とくにリングスについて聞いたわけではないが、プロレス入りについて印象深い発言をしている。

「欲しいのは選手というより、人間としての強さだったんです。総合格闘技は年に数試合。でも、プロレスは年に100試合以上あるじゃないですか。ほぼ、毎日戦ってる。ここに身を置けば、自然と人として強靭になれるんじゃないかと思ったんですね」

前田と中邑は2009年10月11日、前田が主宰する「アウトサイダー」の会場で会談。前田は「ああいう若いのが5人、10人出てこなきゃいけない」と〝真の強さ〟を追求する中邑を評価。

後進へのスタンスについては毀誉褒貶があるのも前田。長井満也をリング上でビンタしたり「船木（誠勝）と組んだら？と言った」と〝超・ストロングタッグ〟を提言したことを明かした。（1997年11月20日）、勝利した田村潔司にトロフィーを投げ渡したり（2007年12月31日）する一方で、惜敗に号泣する長井を慰めたり（1992年10月29日）、外車のミニカーを見つめる若手の田村に「お前もすぐそういうのに乗れるようになるよ」と励ましの声をかけたりしている。やはり後輩の頑張りは嬉しいのだ。

最後にグレイシー一族のホイラー・グレイシーに愛弟子の所英男が大勝した時の前田の激励の言葉を記しておこう（2006年12月31日）。

「お前、いまなら（ゲスト解説のグラビアタレント）井上和香のマウントが取れるで！」

小ネタ 前田は、2015年10月12日の新日本プロレス・両国国技館大会を、OBとしてリングサイドで観戦。その後、現新日本プロレスのオーナーである木谷高明氏と会食し、当日のベストバウトをガンガンやりあっていた真壁刀義 vs 石井智宏と選定。また、オカダ・カズチカに関しては、「伸びしろがある」と評価していた。他の棚橋や柴田勝頼やAJスタイルズに関しては、総じて、「バタバタし過ぎ」としていた。

1991年8月9日・第1回「G1 CLIMAX」両国3連戦初日・アレキサンダー・カレリンvsウラジミール・ベルコビッチ

前田と髙田の〝最後の2ショット〟は新日本1・4での山崎一夫の引退試合

幻の「前田日明vs髙田延彦」トークショー

「天龍源一郎vs佐々木健介」「スタン・ハンセンvs長州力vs藤波辰爾」など、プロレス界OBによるトークイベントがここ数年、花盛りだが、2017年頃、こんな顔合わせが企画されたことがあった。

「前田日明vs髙田延彦」

会場は後楽園ホール。出演料も筆者が聞いたかぎりでは破格だったが、企画は立ち消えに。前田サイドはOKだったようだが、髙田側が難色を示したという経緯があった。これは何度か書いて来ているが、2011年3月6日、新日本プロレスの偉大な先人を顕彰する「グレーテストレスラーズ」表彰式にドン荒川が登壇したのだが、本当はこの時、髙田も表彰される予定だった。髙田自身も乗り気だったというが同日に先約（仕事）があり欠席に。

引退した選手は、個人事務所を構えるかフリーとして活動する場合が多いが、髙田は大手芸能プロダクション、レプロの所属タレント。大手事務所の方針として、簡単にはイベントには顔を出せないのが実情のようだ。

では、現時点で前田と髙田の最後の2ショットはいつだろうか？

それは2000年1月4日の東京ドーム。新日本恒例の1・4で、前田と髙田がリングサイドに並んで座ったのだ。談笑する場面もあり、そんな2人の目の前には、かつての盟友、山崎一夫の姿があった。この日は山崎の引退試合が組まれ、それを見届けるために、前田と髙田が駆けつけ隣席したのだ。試合（永田裕志とのシングルで敗退）後は、セレモニーも行われ、前田、髙田が連続で山崎に花束を渡すシーンもあった。前田は山崎になにか耳打ちをし、髙田からは「ご苦労さん！」とねぎらう声が聞こえた。

その後、報道陣に囲まれた前田は言った。「山ちゃんは、いつも自分から損な役回りを引き受けてくれた。全部、一人で背負っちゃってね。UWFというものができたのは、山崎一夫がいたからですよ」

まさに前田と髙田の2ショットは、山崎への感謝をこれ以上なく証明するものだった。

ところで当日は、田村潔司も並びで試合を観戦（右から前田、髙田、金原弘光、田村の順番）。第二次UWFだけでなく、UWFインターでも山崎と同じ所属だっただけに、田村もリング上で花束を渡した。新日本vsUインターの対抗戦に出場しなかった田村なだけに、じつはこの時が唯一、新日本のリングに上がった瞬間となっている。

小ネタ 田村はリングスの日本武道館大会で、ヘンゾに勝利し、グレイシー狩りに成功（2000年2月26日）。この際用いた入場曲は「UWFのテーマ」だった。

「フランク（・シャムロック）と戦いたい」が「船木選手と戦いたい」にされた桜庭

佐竹が第1回「K-1グランプリ」で優勝するのは当然

1993年4月30日、国立代々木競技場第一体育館で、記念すべき第1回「K-1グランプリ」が開催された。まだ観客が1人もいない開場前、リングアナがスタッフと音響チェックをしていた。そして、マイクで言った。「あ、あ、テス、テス……。第1回K-1グランプリ優勝者は、佐竹雅昭！ 第1回K-1グランプリ優勝者は、佐竹雅昭！」周囲を見ると、マスコミを含め、スタッフ、関係者の誰も不思議そうな顔をしていなかった。以下は決戦前日の報道である。

「佐竹雅昭（27=正道会館）は（中略）アーツ（21=オランダ）とスミス（31=米国）の勝者との決勝が予想される」（『日刊スポーツ』1993年4月29日付）。アーツはピーター・アーツ、スミスはモーリス・スミスのことで、グランプリは8人制トーナメントだったため、佐竹が決勝まで勝ち上がれば、別ブロックのアーツとスミスの勝者と戦うと予想されていた。佐竹は1990年6月のプロ転向以降、ここまで無敗だったのだ。

しかし、大会当日、佐竹は準決勝でブランコ・シカティックに2Rまで優勢に試合を進められ、

3R、大「佐竹」コールのなか、果敢に逆転を狙い前に出たところを右ストレートからの左フックでKO負け。アーツ、スミスはそれぞれ1回戦、準決勝でアーネスト・ホーストに敗れ、優勝は佐竹を破ったシカティックだった。

いまになって見れば、とくに不思議でもない結果だが、当時はこれが大番狂わせだったことは前出『日刊スポーツ』の記事からも明らかだろう。早い話、シカティックもホーストも日本ではまったくの無名だったのだ。結果の読めないスリリングな要素がK－1を格段に面白くしたことは間違いない。一方、試合前のマイクテストには、日本の立ち技格闘技を牽引してきた佐竹への期待と願望が大きく見られ、この大会の予想外の結果をより強く感じさせたのであった。

勝利した天龍にリングアナが「勝者・長州力！」と絶叫

プロレス界にも似たような出来事があった。1992年10月8日、天龍源一郎率いるWARでワンナイト・トーナメントが行われたが、2回戦で勝利した天龍に（vs北原辰巳）、リングアナのS氏が「勝者・長州力！」と絶叫。会場がなんとも微妙な空気になった。きわめて明確な口調だったので、直後に長州が乱入したり、そういう演出があるのかと思ったが、なにも起こらない。本当にただの言い間違いで、S氏はこのあと天龍に反省を促す張り手を食らっていた。

この時期、WARは新日本プロレスとの対抗戦に活路を見出しており、最終目標は天龍による長州との一騎打ち。WARはこの目標の実現のために、この日の会場だった後楽園ホール入口に、

「告　新日本プロレス長州力殿　10月23日ここ当ホールにてお待ちしております。WAR天龍源一郎」という貼り紙を出していたほどだった。しかし天龍vs長州実現の道は険しく、新日本から先兵として越中詩郎と木村健悟の反選手会同盟（のちの平成維震軍）を送り込まれ、すでに対抗戦の第1ラウンド（1992年9月15日、横浜アリーナ）でWARサイドは完敗していた。同年10月の21日、23日には対抗戦の第2ラウンドが控えており、こちらも反選手会同盟が参戦予定だった。

先のリングアナのS氏は言い間違えた理由として、「長州戦が実現できるのかどうか、頭がいっぱいで」と言い訳をしたが、長州を対抗戦に出さない新日本の対応に本当に苦慮していたのだろう。

天龍はワンナイト・トーナメントで優勝後、マイクで「長州出てこい。カードを空けて待ってる！」と改めて挑発。10月23日の後楽園ホール大会では、長州の来場はなかったが、WARは主催興行で反選手会同盟に初勝利。試合後、多くのWARファンと握手をしていたS氏の笑顔が忘れられない。

「フランクと船木を、僕が聞き間違えちゃいました」

WARのS氏は言い間違いだったが、驚きの〝聞き間違い〟として格闘技界でこんなことがあった。1999年7月4日、「PRIDE・6」での桜庭和志vsエベンゼール・フォンテス・ブラガの試合後のことだった。ブラガはパンクラス参戦時、船木誠勝を相手に優勢に試合を進めたうえで引き分けた実力の持ち主。桜庭はそのブラガに勝利すると、ジャッジを務めていた強豪、フランク・シャムロックに向けてマイクで宣言した。「今度はフランク選手と、機会があれば戦ってみたいです！みなさんの納得いくような試合を見せて、勝ちたいと思います！」。

ところが翌日、少なくともスポーツ新聞2紙に、桜庭の発言として驚きの新情報が活字になっていた。

「今度は船木さんと戦いたい」「船木選手と機会があれば戦ってみたいです」

パンクラス所属だった船木とPRIDEとは、この時期まったく接点がなかった。しかし、船木に引き分けた選手に勝ったのだから、この発言自体はあり得る。桜庭が試合後の控室でそう言ったのかと思い、記事を書いた記者に聞いてみた。紙名は秘すが答えは想像を超えたものだった。

「フランクと船木を、僕が聞き間違えちゃいました」

この事実は桜庭も知るところとなり、こうコメントしている。

「どおりで試合後、船木選手のことばかり聞かれるなあと思ったんです。これからは、どんな選手の名もフルネームで言うことにします」

フランクと船木、似てなくもない、のか。

小ネタ 言い間違いのベテランといえば長州力。2015年3月17日、映画のDVD発売イベントで、「シルベ・スタローン」と「メル・ギボソン」と連発していた。

K-1の会場で「火炎放射攻撃」をした〝デスマッチファイター〟松永光弘

（2代目）グレート草津とK-1ルールで対戦

どんなものにも黒歴史はある。2000年3月19日、K-1の横浜アリーナ大会にプロレスラーの松永光弘が参戦。K-1ルールで（2代目）グレート草津と3分3Rで戦った松永は、草津の右フックで2度のダウンを喫し、1R30秒、タオル投入でTKO負け。

だが、松永の見せ場はここから。タオルを投入した松永陣営のセコンドは、のちにデスマッチ王となる葛西純で、タオル投入に怒った松永が葛西に火炎放射を噴射！さらに凶器攻撃も加えた。この行為は試合後だったため、K-1の歴史上ではなかったことにされている。筆者が松永を取材した際、この話題を振ると松永は意外な事実を明かしてくれた。

「K-1側からオファーがあったんですが、試合まで2週間を切ってたんです。しかも『K-1初の有刺鉄線マッチ』としてやってくれと」。なるほど、対戦相手の草津の父親は、国際プロレスで多数のデスマッチを戦ってきたグレート草津で、有刺鉄線マッチならプロレスファンにも注目されそうなマッチアップだ。

ファイトマネー（80万円）も提示され、やる気満々だった松永。だが、デスマッチ形式は紆余曲折し、結局、「4つのコーナーに有刺鉄線を巻く」という仕様に落ち着いたのだが、これも前日に中止となる。デスマッチ形式については幾度も報道され、大会のパブリシティに大いに貢献していた印象もあったため、K－1側の駆け引きの巧さを感じさせるものだった。もっとも、この後、松永の主戦場となった大日本プロレスで松永と葛西の抗争が始まるのだから、2人も十分したたかだった。

K－1の歴史でなかったことにされていることをもう1つ。最初期のK－1は8人制トーナメントの場合、決勝戦以外のダウンカウントは「5」に規定していた。ところが、1994年の第2回「K－1グランプリ」1回戦のピーター・アーツvsロブ・ファン・エスドンクで、アーツが1R2分14秒、エスドンクの左フックでダウン。すぐに立ち上がったが5カウントまでにファイティングポーズを取れず、なんとレフェリーはそのまま6、7、8までカウントを続けたのだ。試合は続行され、アーツが3RでKO勝ちし、グランプリも制した。アーツ相手に〝幻のKO勝ち〟をしたエスドンクの試合後のコメントは、実に素直なものだった。

「ルールって変わったんだっけ？　知らなかった」

小ネタ　K－1の第1試合でプロレスラー同士が戦ったことが。小川直也と安生洋二がUFOルールで戦い、小川の反則負けだった（1998年7月18日。ナゴヤドーム）。

「マイク・タイソン戦」に最も近づいた日本人プロレスラーは藤田和之

ホリエモンがタイソンvs藤田和之のスポンサーに

マイク・タイソンといえば、1986年、弱冠20歳5カ月の史上最年少でWBC世界ヘビー級王座を獲得し、翌1987年8月までに、WBA、IBFの世界ヘビー級タイトルも獲得して3団体統一に成功したボクシング界のレジェンドだ。しかし、そんな偉大なタイソンも、1997年にイベンダー・ホリフィールドの耳を噛んでライセンス停止になったあたりから、他の格闘技界からのオファーが急増した。日本でも2003年の大晦日、ハワイから衛星中継でK－1の地上波中継に登場。曙に勝利したボブ・サップを挑発したのをご記憶の読者もいるだろう。

そんなタイソンとの対戦に最も近づいていたといえるのが猪木の秘蔵っ子、藤田和之。早くから「俺にとって（タイソンは）ロマンそのもの。あれだけの選手、戦いたい理由なんて言う必要もないでしょう?」とタイソン戦を熱望していた。2004年5月、藤田はK－1が主宰する総合格闘技大会「ROMANEX」でボブ・サップに圧勝。この大会直前には「K－1のリングを選んだのも、タイソンとのネットワークがあるから」と発言。さらに、このサップ戦を「タイソンへの挑戦者決定戦にしてほしい。でなければK－1から離れる」とまで言ってのけていた。そして翌2005年、タイソンvs藤田実現のために水面下で動いていた格闘技イベントがあった。それが「ワールドスペクタクル」（仮称）だった。

「ワールドスペクタクル」のスポンサーは意外な人物だった。それは、当時ライブドアの社長として〝時の人〟になっていた堀江貴文氏。堀江氏は夢であった宇宙旅行を全世界に同時生中継し、ゆくゆくは一般向けに宇宙旅行をビジネス化する野望を持っていた。宇宙旅行ビジネスの一環として、ロシアの衛星の再利用も合意を得ており、そのブロードバンド中継の先行コンテンツとして、言葉の壁を越える格闘技に目をつけたのだ。

2005年、堀江氏は猪木と何回か会談し、同年7月にはライブドア株の一部を売却し、14億円を取得。タイソンはWWEの祭典「レッスルマニア14」（1998年）にレフェリーとして参戦しただけで約3000万ドル（当時のレートで約39億円）のギャラを受け取る大物だが、当時の堀江氏の資金力なら、タイソンvs藤田の実現は可能であった。K－1を放送するフジテレビと堀江氏には過去に因縁があったが、同年4月に和解がなされており、堀江氏がフジテレビジネスで関わることに、なんの支障もなくなっていた。

ところが翌2006年1月、堀江氏は証券取引法違反で逮捕される。これで「ワールドスペクタクル」もタイソンvs藤田も、すべて藻屑と消えたのだった。

小ネタ タイソンは2006年8月にPRIDEと電撃契約も、そのPRIDEも2カ月前には日本での地上波中継を失っており、参戦は無しに終わっている。

第4章 プロレスあれこれ秘話

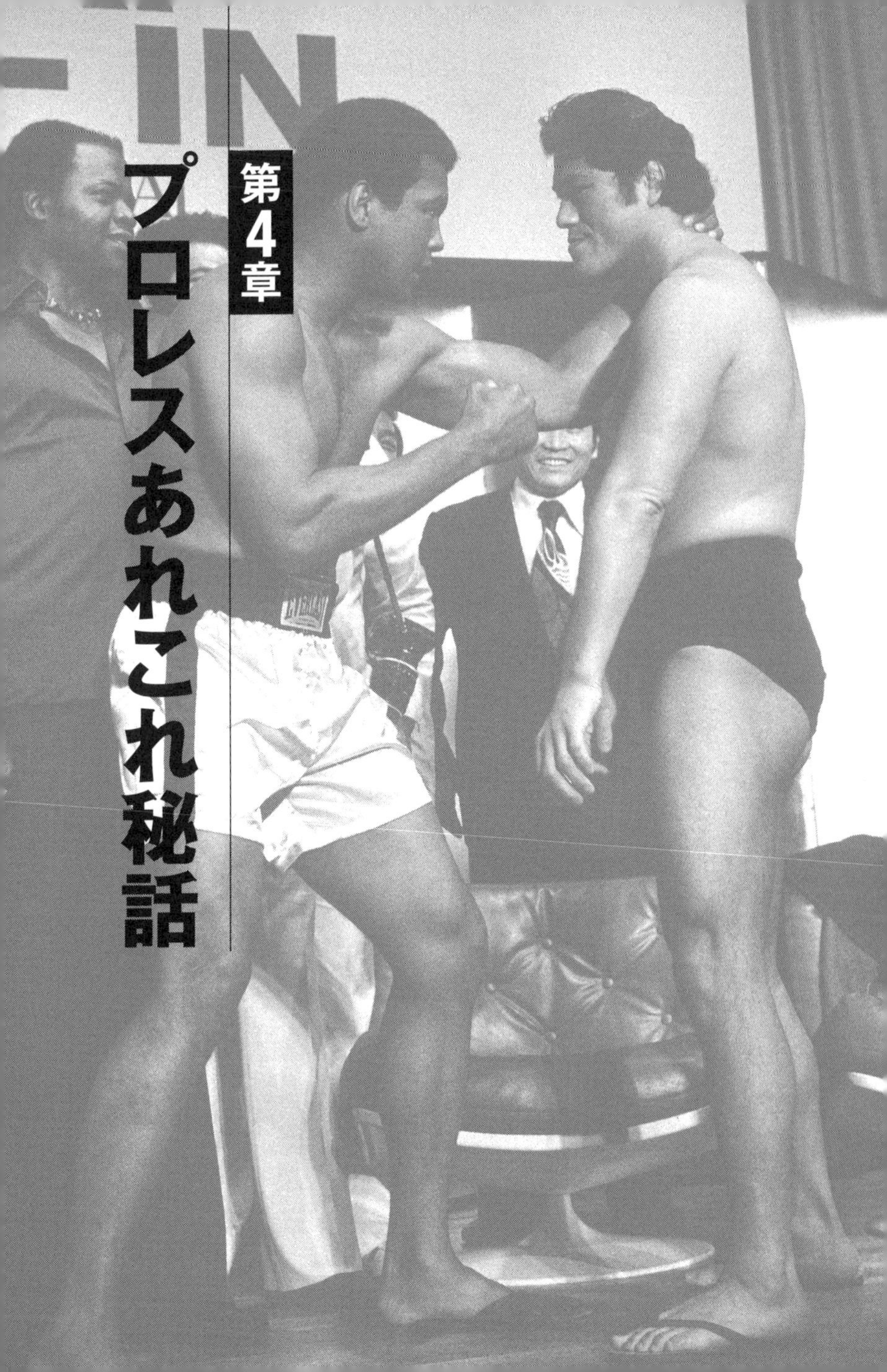

大仁田厚は何度引退しているのか？「引退→復帰」が最短だった選手は？

大仁田本人もわからない引退と復帰の回数

大仁田厚が近年、引退について語ったことがある。

「何度引退して、復帰しているのか、自分でもよくわからないんだよ」

筆者も大仁田引退について調べたことがあるが、もはや「正解はない」とするのが妥当なほど複雑化していた。

ポイントは2つ。大仁田は2005年3月26日、当時通っていた明治大学（政治経済学部経済学科Ⅱ部）の卒業式の夜、3度目の引退興行を後楽園ホールで開催。ところが、その1年後の2006年4月1日に、ZERO1に請われ「靖国神社・奉納プロレス」に特別参戦。「エイプリルフールだから」と面白おかしく書いた記事もあったが、あくまでゲスト出演。神社での奉納プロレスという特別感もあり、日頃マスコミに協力的な大仁田も「復帰とか、あんまりそういう方向性で書いてほしくない」と釘を刺した。余談だが、この奉納プロレスの試合で大仁田は、トレードマークの革ジャンを客らしき人物に盗まれている。場所が場所だけに大仁田は神に祈ったが、革ジャンは戻っては来なかった。

次の復帰(?)試合は翌2007年2月11日、主宰の二瓶一将に頼まれた「喧嘩プロレス」へのゲスト参戦。つまり、2005年3月26日の大仁田が公式に認めている引退と、合間にゲスト参戦したワンマッチを、3度目の復帰、及び4度目の引退と数えるかが問題になる。

さらに2009年12月27日、大仁田は翌2010年の長崎県知事選挙への立候補表明とともに、ターザン後藤とのタッグ対決(新木場1stRING)を引退試合にしたが(靖国での試合をカウントすると5度目の引退)、これも事態を複雑にした。この引退に「もし長崎県知事選に当選したら引退」という「if」を大仁田がつけていたのである。2010年2月21日の長崎県知事選は、健闘空しく大仁田は落選(3位)。すると、この2月21日を一部マスコミが「復帰」と報道。一方で「当選してないのだから引退もしていない。だから復帰もしていない」とする報道もあった。

約3カ月後の5月5日、大仁田は「知事選落選のケジメをつける」と引退興行を開催。これで5度目の引退が2度あるとも考えられるし、5度目の引退を別個にすれば、5月5日の興行が6度目の引退ということになる。そして、そろそろ多くの読者が「どうでもいい」と思い始めているだろうが、冒頭で述べた大仁田の引退に「正解はない」ことだけは理解してもらえるはずだ。

3年も引退ロードを引っ張ったテリーは約1年で復帰

じつはプロレス界における引退→復帰という流れは、大仁田以前の昔から存在していた。往年の怪力レスラー、豊登は、引退後、新日本プロレスの旗揚げ戦に花束を持って駆けつけた。その際、リング上でレフェリーのユセフ・トルコに「日本男児だろ？ なあ」と復帰を促され、困惑しながらも「新日本にテレビ中継がつくまで」という条件で現役復帰。戦力不足での旗揚げとなった猪木を感激させた。

そんな美談もある一方で、（少なくともその当時の認識では）悪しき前例をつくってしまったのがテリー・ファンク。1983年8月31日に蔵前国技館で引退するも、翌年の「世界最強タッグリーグ戦」の開幕戦（11月22日）で早くも復帰。1年3カ月と引退スパンの短さにも驚くが、一度目の引退を1980年10月の時点で「3年後に引退する」と予告し、これがファンを大きく裏切ることになった。テリーファンは長い間、引退というドラマを並走した。そのぶん、裏切られたことへの衝撃は強かった。

引退翌日に復帰した高木三四郎

近年は、復帰していないレスラーのほうが珍しいという残念な状況にあるが、では「最短で復帰した選手」は誰なのか？ 2011年12月23日、米山香織が引退の10カウントゴングを途中で中断。「辞めたくない」と泣き崩れ、引退を撤回したことがあるが、こちらは引退しなかったとするのが正しいだろう。

２０１０年10月６日には、エンタメプロレス「マッスル」主宰のマッスル坂井が、家業を継ぐため引退。先行して９月26日に、主戦場としていたＤＤＴで高木三四郎とのラストマッチが行われた。ところがマッスルの鶴見亜門ＧＭの策略で、ＤＤＴでの試合が一足早く引退を懸けた試合になり、なんと高木が敗戦。そのまま高木の引退セレモニー、10カウントゴングも行われ、最後はリング下を肩車されて一周。思いのほかシリアスな展開となり、坂井が「高木さん、冗談ですってば。プロレスやめないでくださいよ」と懇願すると、「心配するな」と高木はマイクで言い、続けて「俺は、明日、復帰する！」（場内爆笑。翌日ＳＮＳで復帰したことを宣言）。そして坂井に厳命した。

「だがな、お前は10月６日に、絶対やめろ！　わかってんだろ？　家業を継ぐってのは、それぐらいの覚悟ができなきゃ駄目なんだ！」

「……ハイ！」（坂井）

「でもな、家業が軌道に乗ったら、もし戻って来れたら戻って来い。その時は俺が受け入れるから」

坂井も高木も涙を流し、この日はフィナーレ。プロレスにおける引退の曖昧さを逆手にとった、記憶に残る大会となった。

小ネタ 大仁田は2018年9月に約7度目の復帰をしたが、その際「おかえりなさい」と大書されたTシャツを発売。あまり売れなかったのか、取材時プレゼントしてくれた。

日本初の「金網デスマッチ」のリングには出入口がついてなかった

前宣伝がゼロだった日本初の金網デスマッチ

日本初の金網デスマッチが行われたのは、1970年10月8日の国際プロレス、大阪府立体育館大会。カードはラッシャー木村vs覆面レスラー、ドクター・デス。日本初ということで集客の目玉になるかと思いきや、このカードの発表は大会開始直後。事前告知がまったくなく、観客も6000人は入る改装前の大阪府立体育会館に2000人（主催者発表）という寂しい結果だった。もちろん、多くのプロレスファンは、翌日以降にスポーツ新聞で金網デスマッチの開催を知ったのである。

前宣伝がゼロだった理由は2つある。1つは日本初の金網デスマッチということで、各方面から、「残酷だ」「中止せよ」という声が上がるのを防ぐため。2つ目は当時の男子プロレス界の状況にあった。馬場、猪木を擁する日本プロレスと、旗揚げして4年目の国際プロレスの2団体しか国内になかった。老舗の日プロにとって国際プロレスは明らかに格下だったが、日プロによる国際プロレスへの妨害行為が多かったのだ。

同じ土地で同日興行を仕掛けるのは序の口。この年の夏には国際プロレスが投票でファンが呼びたい未来日の外国人選手を募り、その上位の顔ぶれの招聘に動くという「あなたがプロモーター」という企画を行った。いざランキングが出ると、日プロはそれら未来日の外国人の来日をストップさせたばかりか、総じて横取りしたのである（1位のスパイロス・アリオンなど）。国際プロレスの金網マッチも、日プロ側が反対論を振りかざし妨害し、さらにアイディアだけ盗まれ、先に実施されてしまうことを恐れたのである。

観客が恐怖した〝出入口のない〟金網のリング

国際プロレスのデスマッチ路線は、この年8月に凱旋帰国したラッシャー木村の存在が影響していた。国際プロレスの至宝であるＩＷＡ世界ヘビー級王座にはサンダー杉山がついていたが、杉山はアンコ型のテクニシャンで、大相撲出身で屈強なラフファイター型の木村の売り出しを考えた時、〝デスマッチのエース〟という路線が浮かんだのだった。

海外情報に強かった当時の専門誌『ゴング』から、アメリカでの金網デスマッチの写真を何枚も譲り受け、極秘裏に金網の研究が始まった。金網はトップコーナーより高く、色は肌色とも血の色ともダブらない緑色などを確認して、業者に発注した。しかし、ここで国際プロレス側はミスを犯す。同じ仕様の金網を4枚注文したのだ。つまり、その金網には入り口がなかった。

ところが、この笑ってしまうようなミスが功を奏すのだから、プロレスは面白い。入り口のない金網を3枚、まず設営し、選手とレフェリーがリングに入ったところで、もう1枚の入り口のない網をはめ込むという処置がとられた。ここで意外な効果がみられた。当時の報道によれば、「瞬間、場内に緊張が走った」と伝えられている。それは、出入口のない脱出不可能な金網のリングを見た観客たちの恐怖の反応だった。

試合はアメリカで金網デスマッチの経験のあるドクター・デスがまず攻勢に。その正体はジャンボ鶴田の日本デビュー戦を務めた大型ファイター、ムース・モロウスキー。試合前、「日本で初めて金網マッチをした選手として名が残せるなんて光栄」と、意外にも殊勝なコメント。大いに張り切り、得意のパイルドライバーから木村に覆いかぶさり3カウントを奪取。デスは自分で手を上げる。しかし、ゴングは鳴らない。どちらかの完全KOまで試合は終らないデスマッチであることを如実に示した場面だった。

結局、大流血戦の末、デスがKO負け。この試合が10月14日（水）に国際プロレスをレギュラー放送していたTBSで流れると、視聴者から電話が殺到。以降、TBSで金網デスマッチが放送されることはなかった。視聴者から殺到した電話のほとんどが、残酷な試合内容への抗議だったのだ。

金網の出入口が引き起こした大暴動

しかし、試合内容自体には手応えを掴んだ国際プロレスは、以降、金網デスマッチをカードの目玉に台頭して行く。「テレビでは観られない、生の迫力!」と逆手に取って宣伝したのだ。金網デスマッチが行われる会場はおしなべて超満員。このまま波に乗って行くかと思われた。

陰りが見え始めたのは、1972年11月27日。この日、愛知県体育館でディック・ザ・ブルーザー&クラッシャー・リソワスキーvsストロング小林&グレート草津のタッグマッチでの金網デスマッチが行われた。タッグマッチでの金網デスマッチは日本初だった。

完全決着を謳うこのデスマッチに超満員8000人の観衆が集まった。試合は10分過ぎ、レフェリーが外国人組の襲撃を受けて昏倒。サブレフェリーは、改良して増設された出入口のドアを開ける。メインレフェリーを救出し、自分が代わりに入るためである。ところが、開いたドアを見て、外国人組は金網から脱出し、帰ってしまった。実はアメリカでは「金網のドアが開いた時点で勝負あり」という決着法を採用している団体が多く、それで外国人組は試合が終了したと勘違いしたのだ。

完全KO決着を期待していた観客は、当然、激怒。結果が「無効試合」とアナウンスされると、「カネ返せー!」の罵声はおろか、パイプ椅子を金網めがけて投げつける客も増え続け、大暴動となる。結果、鎮圧のために機動隊90人が出動することになった。この試合がすべての原因ではないだろうが、以降、国際プロレスは失速していった。

皮肉なことに、金網に出入口がなければ起こらなかった事件だった。

小ネタ 大仁田厚率いるFMWが有刺鉄線デスマッチを始めたのは、金網を用意するお金がとてもなかったからというのがその一因である。

日本初の「髪切りマッチ」は〝スポーツ刈りVS薄毛〟だった

貴重な毛髪が残る側頭部を刈られ……

「髪切りマッチ」といえば、相手に対する憎悪の行き着く先の試合形式といったイメージがある。おそらく、最も有名な髪切りマッチが長与千種vsダンプ松本であることが大きい（1985年8月28日、大阪城ホール。月曜夜7時からの録画中継の視聴率は18・1％）。長与が負け、リング上で髪の毛をバリカンで刈られた。「（主催者発表で）1万2000人もお客がいたのに、泣き声しか聞こえなかった」（長与）という回顧は、決して大袈裟ではなかった。

男子では、小林邦昭vs野上彰が知られるところ（1996年2月3日）。野上が勝利し、リング上で小林の髪にバリカンを入れようとするも躊躇。すると小林はセコンドにいた同じ平成維震軍の斎藤彰俊を呼ぶと、彼にバリカンを持たせ、あっさりと丸坊主にさせてしまった。「いままで髪切りマッチがあっても、半分くらいしか切らないことって多くて。それがものすごくカッコ悪いと思ってた。やるならキッパリやらないと。お客さんに対しても失礼でしょう？」（小林）。

ほどなくして、この試合に勝った野上は平成維震軍の一員になった。小林の意気に心動かされたのだ。このような胸に響くドラマを生み出すこともあった髪切りマッチだが、では、日本初の髪切りマッチはいつだったのか？

それは1969年4月20日、国際プロレスの名古屋市金山体育館大会。TWWA認定世界タッグ王座決定戦のラッシャー木村&サンダー杉山vsスタン・スタージャック&タンク・モーガンで、王座とは別に杉山とモーガンが試合結果に髪を賭けることになった。しかし、待てよ？ サンダー杉山って、もともとスポーツ刈りでは……。試合を観るとモーガンも頭頂部は禿げ上がっている！ 結局、木村&杉山組が勝利したが、そんな髪切りマッチを当時『東京スポーツ』（同年4月22日付）は、こう報じている。

「この試合の前に杉山とモーガンは『負けたほうが頭をそる』と約束しており、試合終了後、逃げようとするモーガンを豊登がつかまえて電気バリカンで茶色の髪をそり落とし、丸坊主にするという余興が観客を笑わせていた」

日本初の髪切りマッチは、口約束、そして、余興だった。試合タイトルにも「髪切りマッチ」といった文字はなかった。とはいえ、貴重な毛髪が残る側頭部を刈られたモーガンは、いまにも泣き出しそうな表情だったという。

小ネタ 2004年の年頭、ZERO-ONEのリングにて越中詩郎に執拗に髪切りマッチを要求したCWアンダーソンは1月31日に念願の一戦が実現。「失うものは、何もない」と意気込みを語ったが敗退。しかし、断髪は行われなかった。もともとハゲ頭だったのだ。

「ノーギャラ」だった川田利明と〝悪役レフェリー〟阿部四郎

新日本に参戦した鶴見五郎もノーギャラ

1990年代に入り、マット界のノーギャラ問題が聞かれるようになった。有名な話では、ルチャリブレ団体、ユニバーサル・レスリング連盟が、一時期から所属選手たちにファイトマネーを支払っていなかったことが発覚。1993年にはザ・グレート・サスケらがユニバーサルを脱退し、みちのくプロレスの旗揚げにつながった。不名誉なことだが、いわゆるインディ団体でギャラの未払いは少なからず起こる事態のようだ。

では、メジャー団体ではどうかといえば、2005年3月、全日本プロレスを退団した川田利明が、後年のインタビューで次のように明かしている。

「辞めるまでの一年間、全日本のほうから、ギャラはもらってなかったので」

2004年3月から翌年3月といえば、川田は「ハッスル」に上がったり、新日本プロレスの「G1 CLIMAX」参戦も実現(2004年11月3日、新日本主催の両国国技館大会)。全日本所属としてはノーギャラだったのだ。しかし、2005年2月5日の馬場の七回忌興行まで全日本に所属していたのは川田らしい。さらに日本武道館でのこの興行ではメインまで務めている（川田&マウナケア・モスマンvs天龍源一郎&渕正信）。なお、ギャラに関しては「辞めてから、少しずつは返してもらった」と川田は証言している。

80年代、日本中の誰もが知るほどの有名な存在でありながらノーギャラだったのが、全日本女子プロレスでダンプ松本率いる「極悪同盟」に加担した〝悪役レフェリー〟阿部四郎。レフェリーとしてまったく無給だった理由は、もともと全女のプロモーターだったからだ。阿部のレフェリングはあくまで趣味と判断していた全女側の判断だった。

全女の借金の保証人になり、家を失ったこともある阿部は『日刊ゲンダイ』（2005年7月1日付）の取材に対し、「好きでレフェリーをやってた俺はいいわ。ギャラをもらえなかったレスラーはどうするのって」と、選手の給与を払えず倒産した全女を非難している。

元・国際プロレス所属選手だった鶴見五郎は、新日本に国際プロレスのユニット「独立愚連隊」が参戦した際に、ノーギャラだったことがあると証言している。おそらく、新日本から国際プロレスには支払っていたが、国際プロレスの経営不振もあり、ギャラが選手まで届かなかったという意味だろう。山本小鉄の引退試合の相手を鶴見が務めた試合もノーギャラだったという（1980年4月4日、川崎市体育館。小鉄&星野勘太郎vs鶴見&大位山勝三）。

試合後、帰路につく鶴見を黒塗りの外車が追いかけてきた。鶴見は「チンピラかと思った」が、小鉄だった。「今日は本当にありがとう」と渡された封筒には、10万円が入っていたという。

小ネタ 第二次UWFの分裂後の1〜2カ月、選手たちは無職だったが、ギャラは以前の月額と同額が振り込まれていた。前田日明が身銭を切っていたのだ。

1985年4月7日・後楽園ホールで極悪同盟の試合を裁く悪役レフェリー阿部四郎（カード不明）

日本で初めてつくられたリングは設営業者のミスで〝円形〟だった！

初の流血戦はマットの縫い目が原因

1954年2月19日、蔵前国技館で行われた力道山率いる日本プロレスの旗揚げ戦で驚きの事態が起こった。力道山が設営されたリングを見に行くと、四方に丸い縁が追加されていたのである。リングの設営業者に聞くと「外に落ちたら大変ですから」。国技館といえば相撲の殿堂。設営者は土俵のイメージでリングをつくったという。急いで力道山は「プロレスは相撲とは違う。場外に落ちても試合は終わらないし、それもプロレスの魅力だから」と説明し、丸い縁を取り除かせた。

このように、黎明期のプロレス界はすべてが手探り状態。有名な力道山&木村政彦vsシャープ兄弟（ベン&マイク）の旗揚げ第一戦の2日後、同じカードが蔵前国技館で行われたが、力道山のヘッドシザースをベンが逃げようと動き回った直後、観客から悲鳴が。ベンの顔が血で真っ赤だったのだ。この試合こそ、日本で初めての流血戦でもあった。

流血の理由は、粗悪なリングのキャンバスにあった。信じがたいことだが、この時代のマットは、1枚のシートではなく、何枚かの小さなシートを縫い合わせて大きくして被せたものだった。ヘッドシザースから逃げ回るうちに、縫い目に額をこすられ、流血禍となったのである（結果は両者反則のドロー裁定）。

そんな昭和を経た平成元年、マットに丸い縁がついたことがあった。4月24日に行われたプロレス界初の東京ドーム興行でのことである。主催は新日本プロレス。メインは猪木とソ連（当時）の柔道家、ショータ・チョチョシビリの異種格闘技戦だった。この対戦を行うにあたり、猪木はロープを取り去ることを提案。さらにリングに丸い縁をつけ、従来より広い円形リングにするように指示。ミュンヘン五輪柔道金メダリストのチョチョシビリへの敬意もあったかもしれないが、ロープブレイクなしでさらに場外へのエスケープも難しくした仕様のリングは、格闘技色の強調が狙いだった。

業界初の東京ドーム大会の目玉は、ソ連人選手の大量のプロデビューだった。交渉にあたり、猪木は現地でプロレスのビデオを彼らに見せた。彼らは「やってみたい」と目を輝かせた。猪木が持ち込んだビデオは2つ。自身が挑んだ初の異種格闘技戦であるウィリアム・ルスカ戦。そして、無観客のなか、2時間5分14秒の死闘を繰り広げた、マサ斎藤との巌流島決戦だった。

小ネタ　なお、総合格闘技のリングとしては、UFCで使用された八角形の金網リング「オクタゴン」が有名で、こちらはホイス・グレイシーの友人であった映画監督のジョン・ミリアスが考案したとされる。とはいえ、八角形のリングを最初に格闘技に導入したのは初期の修斗である（1989年。ロープは2本）。設営に時間がかかることで、後に通常のリングとなったが佐山聡の先見性がうかがわれる。

「あさま山荘事件」の現場に隣接した日本プロレスの合宿所が報道陣の拠点に！

500坪の敷地に300坪の建物がある豪勢すぎる合宿所

2021年、テレビで歴史的テロ事件「あさま山荘事件」（1972年2月19〜28日）のドキュメンタリーを観ていた（2月17日放送。NHK『アナザーストーリーズ〜あさま山荘事件 立てこもり10日間の真相』）。過激派のメンバーがあさま山荘に人質を取って立て籠もり、その救出作戦の模様はテレビ生中継され、NHKと民放を合わせた最高視聴率が90%近くを記録したという。

さて、番組で流れた当時の映像を観てビックリ！ なんと、あさま山荘の横の建物に「日本プロレス山荘」の看板が。そう、この歴史的テロ事件の現場の隣にあったのは、日本プロレスの別荘兼合宿所だった。しかも、この日プロの合宿所が事件の報道に大いに役立ったというのだ。

当時、携帯電話はなく、さらに事件現場は山間部で公衆電話の数もかぎられていた。そこで電話回線のあった日プロの合宿所が報道陣の命綱となったのだ。なにせ、当時の報道によれば、500坪の敷地に300坪の建物があるという豪勢すぎる合宿所で、多数の報道関係者がこの合宿所を拠点に、事件をリアルタイムで報じていたという。もっとも、某新聞社のOBによれば、合宿所に電話は1つしかなく、取り合いになって大変だったようだ。

当時の映像を観ると、もともと河合楽器の保養所だったあさま山荘には、日プロ合宿所とは逆側の隣りにも立派な建物があった。当然、そこには電話もあるだろうし、そちらにも報道陣を分散させるわけにはいかなかったのだろうか？ しかし、なんとも皮肉な事実が判明した。

「あっちは、NHKの別荘だったんだよ。だから民間のマスコミは入れなかった。民放のテレビ局なんて、もってのほかという感じだったね（苦笑）」（前出OB）

実際、NHKの生中継は他の民放を圧倒する迫力の映像で、提供する情報も仔細だった。そしてNHK総合のあさま山荘事件の中継は、1972年の高視聴率番組の10位にランクイン。平均視聴率は50・8％だった（放送時間は9：40〜20：20の640分）。

なお、冒頭で言及したNHK『アナザーストーリーズ』では、隣接するNHKの別荘の件には触れられていなかった……。

小ネタ なお、犯人逮捕によるあさま山荘事件の終焉は2月28日の午後6時過ぎ。歴史に残る立て籠もり事件らしく、この日、千葉県の船橋ヘルスセンターで興行のあった日本プロレスの会場でも、6時半の試合開始直前、人質の救出と犯人の逮捕が場内にアナウンスされ、一部で拍手も起きていた。

モハメド・アリは猪木戦の直前にプロレスラーと〝1日2試合〟戦った

「鶴田ならアリともいい勝負ができる」

「ジャンボ鶴田みたいな選手にボクシングを教え込めば、モハメド・アリと戦えるんじゃないか?」

世紀の一戦、モハメド・アリvsアントニオ猪木(1976年6月26日、日本武道館)が行われる約1年前、日本格闘技界の重鎮だった日本アマレス協会会長・八田一朗氏の発言だ(1975年4月21日)。アリについて報道陣の直撃を受けての発言で、そもそも「アリが、プロレスラーでも誰でもいいから、日本人の挑戦者を求めている」という情報をメディアに明かしたのは八田氏。発言の1カ月前、アリのパーティーに出席した際に聞いた情報だった。

ではなぜ、発言内で鶴田の名前を出したのか? それは、アリ戦に猪木が名乗りを上げることが濃厚だと報道陣の直撃を受けたからだ。八田氏は日本アマレス協会会長として、「プロが栄えれば、アマも栄える」という持論を持っており、プロレスにきわめて協力的な人物だった。そこで冒頭のコメントとなったわけだが、八田氏のなかでは、プロレスラー側にボクシングを学ばせるという青写真だったことがうかがわれる。

アリのAWAでのプロレスを裁いたバーン・ガニア

一方、アリ側の動きはどうだったかといえば、なんと猪木戦の直前、アリはアメリカでプロレスラーと試合をしていた。それも、同年同月のことだった。

当時、WBA&WBCの統一王者だったアリは、1976年の5月24日に西ドイツでリチャード・ダン選手相手に7度目の王座防衛に成功すると、なぜか姿をくらます。イギリスかスペインにいると噂されたが、6月2日に突如として、米フィラデルフィアのスポーツアリーナのリングサイドに客として出現。そしてリング上のWWWF(現・WWE)のスター、〝人間台風〟ゴリラ・モンスーンを挑発すると、自らリングに上がり飛びかかる。ジャブで牽制しつつも、ファーストコンタクトで組みついたアリに、少し驚いた表情をしたモンスーンだったが、あっさりとアリの手首を極め、続けて飛行機投げでキャンバスに叩きつけた。ここでニヤリとするアリ。苦笑いともとれる。乱入劇はここで終了となった。

普通に考えれば客を盛り上げるために、あらかじめ用意された乱入劇と思われるが、8日後の6月10日、なんとアリはWWWFではなくAWA(当時の米メジャー団体の一つ)のリングでプロレスの試合を行ったのだ。しかも3分3Rの試合を2試合、ダブル・ヘッダーだった。アリはボクシンググローブをつけ、相手は素手。つまり猪木戦に先んじた異種格闘技戦の様相だった

（ただし、自分の拳を守るためと相手へのダメージを軽減するため、アリはかなり大きなグローブを使用）。

1試合目のケニー・ジェイ戦は、アリが軽めのパンチを見舞いつつ試合を支配。組みついて来るジェイを受け止め、足を引っかけて倒すこと数度。さらにジェイの首を捉え、フロント・ネック・チャンスリーのように投げる展開も。興が乗ったアリは華麗なステップを見せ観客を沸かせると、最後は右フックで2R、KO勝ち。次の試合のバディ・ウルフ戦では、シュミット流バックブリーカーを2発食らうシーンもあったが、カウント2でキックアウトし、3Rを戦い抜く。結果はアリの判定勝ちだった。2試合とも余興の域を出ない内容だったが、レスラー側のセコンドはディック・ザ・ブルーザー、アリ側のセコンドは猪木戦にも同行したフレッド・ブラッシーで、レフェリーはAWAの帝王、バーン・ガニアという豪華さだった。

アリのAWA参戦には背景があった。試合会場のアンファイシアターは、当時のアリのビジネスの拠点シカゴにあり、加えてアリが信奉する宗教団体の本部もシカゴにあった。そんなシカゴでの試合なら集客力も見込めるうえに、猪木戦の予行練習としては最適だったのである。後年、ミネソタ州の地元紙『スター・トリビューン』の取材を受けたケニー・ジェイは、前夜にガニアから急に電話で出場の打診を受けたこと、ファイトマネーは1000ドル（現在の価値で約70万円）だったことを明かしている。

「(エキシビジョンの)リハーサルはいつやるんだ?」

2009年2月7日に放送されたテレビ朝日の番組『テレビ朝日が伝えた伝説のスポーツ名勝負』で猪木vsアリ戦が特集され、アリが来日する直前に米メディアの記者に本心を語った音声テープが公開された。そこでアリは「僕が戦いたいのはエキシビジョン・ファイトだ。(猪木を)全力で殴るつもりはない」と語っている。

実際、来日してからもアリに真剣勝負をやるつもりはなく、新日本プロレスが用意した通訳のケン田島に「(エキシビジョンの)リハーサルはいつやるんだ?」と聞いている。しかしケン田島は「そんなものはないよ」と返答。これに衝撃を受けたアリは、ここからがんじがらめのルールで試合を縛っていくことになる。募る不安のなか、公開スパーリング(6月20日)で猪木の延髄斬りを見たアリは、「猪木はああいう蹴りを使うのか?」と小声で関係者に聞いたという。

アリが感じた、AWAのリングで戦った2人のプロレスラーと猪木との、あまりのオーラと状況の落差が、絶対的な猪木不利のルールにつながったことは否めなかった。

小ネタ 右記に出てくるレスラーの中で、唯一、アリに優勢勝ちした感のある、ゴリラ・モンスーンは、アリとの接触後、こう語っている。「リストロックとリストウォッチ(腕時計)の区別もつかないレベルの選手を、リングにあげるわけにはいかないね」

プロレス界の祭典「レッスルマニア」に初めて出場した日本人はミゼット選手

ミゼットプロレスだけを中継するゴールデンタイムの番組

２０１３年、力道山の没後50年のドキュメント番組の制作に関わった際に、ラテ欄を調べていた時だ。力道山率いる日本プロレスのテレビ中継（日本テレビ系）は毎週金曜の夜８時からだが、１９６１年４月14日（金）のラテ欄を見て驚いた。「小人国プロレス大会」とあったのだ。ある程度の年齢以上なら、全日本女子プロレスの興行に１試合だけ組み込まれていたミゼットプロレスを思い出すだろう。しかし１９６１年当時は、ミゼットプロレスの試合だけを中継するゴールデンタイムの番組があったのだ。

会場は大阪府立体育会館。参加選手は、トム・サム、バウシング・バーグなど、外国人選手のみ。来日ミゼット選手の試合だけの中継番組だった。そして、翌々週の４月28日（金）には小人国プロレス大会」の第２弾が放送されている。こちらはミゼットプロレスラーのファイトにプラスして、日本プロレス所属レスラーのエキシビジョンマッチや、怪物レスラー、グレート・アントニオのリングへの乱入劇もあった。アントニオといえば１９３センチ、２１０キロの超巨漢選手であり、ミゼット選手との対比も画面映えしたに違いない。

当時のミゼットプロレスの中継について調べてみると、1961年の3月25日から4月28日まで、日本プロレスは全12戦の「小人プロレス国際試合」シリーズを組んでいた。合間の4月23日に行われた日本プロレスの靖国神社での奉納プロレスにもミゼット選手が出場。第7試合のセミファイナルでビリー・ザ・キッドvsトム・サムが行われた(22分46秒、体固めでキッドの勝利)。

この靖国神社大会は力道山が出場しない若手中心の興行で、デビュー2年目の猪木は第3試合で田中忠治と対戦して負け、同じキャリアの馬場は第6試合で大木金太郎と対戦して勝利している。

驚くのは猪木、馬場の試合よりも後ろのセミファイナルでミゼットプロレスが行われていること。当時はそれほどの人気を誇っていたと思われるのだ。

日テレ以外での中継も調べてみると、フジテレビで3回にわたり来日ミゼットレスラーの試合を中継していた。1960年8月6日(土)の23時から、1961年9月23日(土)の朝10時から、1962年5月19日(土)の23時半からと、ミゼットプロレスがそれなりの人気コンテンツだったことがうかがえる。

ミゼット選手による「有刺鉄線催涙ガス噴霧デスマッチ」

その後もミゼットプロレスは、前述したように全女の興行内に組み込まれたり、大仁田厚のF

MWに出場したりと、長らく日本のプロレス界で生き続けた。全女が東京ドームに初進出した大会（1994年11月20日）では、それまでの貢献に応えるかのように第2試合にミゼット選手が出場している。

1995年には全女主催の大会でFMWの協力を得て、ミゼットレスラーによる「FMW公認 ザ・ミゼットマニア'95限定有刺鉄線催涙ガス噴霧 爆裂6人タッグデスマッチ」が行われた。しかも、対戦相手のミゼットレスラーをメキシコから呼ぶという豪華さだった（1995年6月6日、千葉市原臨海体育館）。全女はミゼット選手を1968年の団体旗揚げから重用し続けており、団体が解散する2005年の寸前まで、ミゼットプロレスの試合が行われていた。

しかし、1980年代以降、テレビでミゼットプロレスを観る機会はなくなった。ミゼットプロレスのドキュメンタリーを制作した映画監督の森達也氏は、全女の興行を観に行った際、気づいたことがあったという。以下は森氏のコメントだ。

「テレビ用の照明が急に消えて、スタッフが全員タバコを吸いに外に出て行っちゃったんです。『あれ？』と思っていたら、小人の試合が始まった。会場は彼らの試合で大盛り上がりなのに、テレビはそれをスルーしてた。（中略）視聴者から抗議があるから。『あんなかわいそうな人を、なぜテレビでさらし者にするんだ』と。それで放送局としては『申し訳ないけれど、君たちは番組で使えない』となる。そして、彼らは居場所を失っていく。善意って怖いんです。悪意と違って、自覚なしに暴走しちゃう」（2016年10月16日、京都国際映画祭での発言）

日本人ミゼット選手、リトル・トーキョー

1987年3月29日、ミシガン州のシルバードームで、現在も続くプロレス界最大の祭典「レッスルマニア3」が行われた。今では出場できればプロレスラーとして超一流とされるまでになったWWE恒例のビッグイベント。その3回目の大会に、当時の世界のインドア・スポーツイベント最多となる、9万3173人という観衆が集まった。

このビッグイベントの第3試合で、ヘビー級選手1人とミゼット選手2人が組む異色の6人タッグマッチが実現。カードは、ヒルビリー・ジム&リトル・ビーバー（ミゼット）&ザ・ハイチ・キッド（ミゼット）vsキングコング・バンディ&リトル・トーキョー（ミゼット）&ザ・ロード・リトルブルック（ミゼット）。そして、この試合に出場したミゼット選手のリトル・トーキョーこそ、栄えあるレッスルマニアに初めて出場した、日本人レスラーだった。1941年、東京都練馬区生まれのトーキョー、本名・赤羽茂は、過去の取材にこう答えている。

「差別として考えられることもあるようだが、小人もやはり人間さ」（『月刊プロレス』1983年5月号）

WWEは現在に至るまで、ミゼット選手を積極的に登用し、活躍させている。

小ネタ 現存するミゼットプロレスの動画を観ると、レフェリーによる足のチェックのために自ら逆立ちしたり、試合では一度場外に落ちると上がるまでが一苦労だったり、会場は爆笑の連続。「俺らは観客に笑われているんじゃない。俺らが何もせずに突っ立っていたって、誰も笑わないでしょ。だから、俺らが観客を笑わせているんですよ」と言う選手の言葉は重かった。

「リンカーンは元プロレスラー」の伝説が生まれた原因は〝賭け試合〟への参戦

リンカーンvsギャングの頭領ジャック・アームストロング

「もしこの砲丸を、私たちより遠くに投げることができたら、君に投票しよう」

第16代アメリカ大統領、エイブラハム・リンカーンは、イリノイ州スプリングフィールドで、酒場に集まった有権者たちにそう持ちかけられ、砲丸を手に持った。1834年、リンカーンが25歳の時である。州議会議員への立候補を表明していたリンカーンが、そのまま一回転して助走をつけると、砲丸は彼らより2メートル近く遠くに飛んだという。ちなみに、リンカーンの身長は約193センチだった。

「リンカーンは元プロレスラーだった」

初耳の読者も多いだろうが、プロレス界ではそれなりに知られた伝説。古くは1980年代の専門誌で、アントニオ猪木や前田日明が口にしている。リンカーンは1992年、「全米レスリング殿堂」入りしており、オクラホマ州にある全米レスリング殿堂博物館の入口すぐの壁には、レスリングの試合に臨むリンカーンの壁画が飾られている。そこには「レスリングの腕前は広く知られ、12年間でたった1度しか敗北しませんでした」と書き添えられている。誇張が入っている可能性もあるが、リンカーンがレスリングの強者だったことは間違いないだろう。

歴代の米大統領にはレスリングの猛者が多く、ジョージ・ワシントン（初代）やセオドア・ルーズベルト（第26代）もそうである。問題はなぜ、リンカーンだけが〝プロ〟レスラーだったという伝説が広まったかである。それは、1831年、彼が22歳の時に起きた事件が原因だった。

イリノイ州のニューセーラムという村に引っ越してきたリンカーンは、勤め先の店の主人に、性格のよさや知性、強さを吹聴される。すると、近隣にあるオラリーという森林地帯に巣食っていたギャングの頭領、ジャック・アームストロングがリンカーンに挑戦してきたのだ。試合はニューセーラムで行われることになり、この一戦には、見物人が持参したカネ、酒、タバコなど、あらゆるものが賭けられた。リンカーンvsアームストロングの戦いは賭け試合、つまり〝プロ〟同士の試合とみなされることになったのである。

試合はリンカーンの勝利だったとされるが、その内容は文献によって異なる。「リンカーンが投げからフォール勝ちした」「1Rが終わった際、リンカーンがアームストロングに、引き分けにしようと申し出た」など様々な記録が残る。ただ一つはっきりしていることがある。それは、直後にリンカーンがイリノイ州の議員選挙に立候補した時、結果は落選だったが、ニューセーラムが持つ300票のうち、277票がリンカーンに投じられたという事実だった。

小ネタ なお、闘ったジャックは、以降はリンカーンの熱烈な支持者に。こちらも歴史的事実として残っており、リンカーンの評価に一役買っている。

シャープ兄弟は来日中に生まれた息子に力道山にちなんで「リッキー」と命名

寺西勇の息子の名前は「寺西勇」

ＷＷＥのスーパーレジェンド、ジ・アンダーテイカーの次女の名前にはちょっと驚く。「グレイシーちゃん」なのだ。そう、アンダーテイカーは大の総合格闘技好きなのだ。よって、後年は使う技も、総合格闘技からインスパイアされたものが少なくなかった。キムラロックに三角絞めに、２００８年2月にはフットチョーク（ゴゴプラッタ）も披露し、フィニッシュ技にしていた。対戦相手のビッグ・ダディが10回以上タップしたうえに吐血したこともあり、ＷＷＥはテイカーのフットチョークを禁止技に指定した。

話が横道に逸れたが、プロレスラー本人とその親族の名前に着目すると興味深い事実が見えてくる。ここでは名前にまつわる話を紹介していく。まず、兄リック・スタイナーと弟スコット・スタイナーのスタイナー・ブラザーズ。この兄弟コンビの実の名字は、リックスタイナーなのだ。兄はロバート・リックスタイナーで、弟はスコット・リックスタイナーとなる（リックスタイナーはレックスタイナー、リヒシュタイナーと発音する場合もあり）。つまりスタイナー・ブラザーズは、正式にはリックスタイナー・ブラザーズというわけだ。1984年に兄がデビューした際、短めでわかりやすくなるよう、名字を「リック」と「スタイナー」に分割してリングネームにしたのだが、2年後に弟もプロ入りすると、タッグとして売り出すことに。そこで弟も「スタイナー」を名字のようにリングネームに使い、スコット・スタイナーになったのである。

日本のマット界に目を向けると、寺西勇の息子の名前は、寺西勇。寺西の本名は寺西等だったが、リングネームを「寺西勇」とした。じつは、あまりにも寺西勇というリングネームを気に入ってしまい、息子を寺西勇にしたのだった。

出産祝いに1000万円以上を贈った力道山

また、インターネット百科事典のプロレスに関する記述で以下の情報がある。

「シャープ兄弟の兄、ベン・シャープは、力道山に敬意を表して、息子をリキ・シャープと命名した」

このネット情報は本当なのだろうか? 知り合いのプロレス関係者、マニアにあたって調査したところ、兄ベン・シャープの息子の名前はリキではなく「リッキー」とわかった。さらにリッキーが生まれたのは「1954年2月」で、シャープ兄弟が日本に初来日し、日本にプロレスブームを起こした月だったことも判明。力道山&木村政彦vsシャープ兄弟が行われた日本プロレスの旗揚げ戦は1954年2月19日だった。

日プロの旗揚げシリーズ中、シャープ兄弟はリング上でガラスケースに入った日本人形をプレゼントされたことがあった。すると、大会後、弟のマイクが兄のベンに「俺はいいから、奥さんへのお土産に持って行けよ」と提案した。マイクは自身二度目の結婚となるフィアンセと一緒に来日していたが、ベンは妻が臨月だったため単身での来日だった。日本人形はベンの妻へのお土産になった。

ベンに妻からの男児出産を知らせる電報が届いたのが、まさに日本滞在中だった（ベンにとっては第二子）。「名前をつけて」とも電報にはあった。シャープ兄弟が日本庭園でテレビの撮影を行なっていた時、ベンはマイクに息子の名前について相談した。するとマイクは「力道山の名前を取って、リッキーはどうだ？」とアドバイス。ベンは、いま日本にいるのもなにかの縁だと感じてマイクの意見を受け入れ、息子の名前はリッキーに決まった。

早速、テレビ撮影に立ち会っていた力道山に報告すると、「そうか」と笑顔を見せて喜んだという。しばらくして、力道山からベンに出産祝いが贈られた。それは、息子リッキー名義の銀行口座の通帳で、そこにはすでに1000ドル（当時レートで36万円。現在の貨幣価値で1000万円以上）が入っていたという。

慈善活動で気の毒な子供に涙ぐむ〝鬼畜米英〟

シャープ兄弟の息子といえば、弟マイクの息子が、アイアン・マイク・シャープとしてプロレスデビューし、80年代中盤には新日本プロレスの常連外国人として活躍していたのが有名。一方、ベンの息子リッキー・シャープは建築業に就職し、二世レスラーとはならなかった。

1990年、『月刊Asahi』（1990年2月号）でシャープ兄弟の名を見つけた。「この人のライバルの名前がわかりますか？」というアンケート記事で、〝この人〟の1位は宮本武蔵、2位は矢吹丈、3位は武田信玄だった。〝この人〟のライバルの名前を正解すると得票が加算されるランキングで、プロレス界からは唯一、シャープ兄弟の名前がランクインしていた（22位。もちろん正解は力道山）。22位とはいえ、ライバルの名前にちなんで息子を命名するほどの関係は、他のライバル同士にはない深いものといえるだろう。

最後にこぼれ話を一つ。シャープ兄弟は、同じく旗揚げシリーズに来日していたボビー・ブランズと3人で、試合前に訪問した場所があった。『毎日新聞』（1954年2月20日付。都内版）によれば、ある事件で失明した少女が入院していた警察病院と、板橋区にあった肢体不自由児の施設だった。3人は慈善活動として「自分たちになにかできることがあれば」と、それぞれの場所で少女と児童たちにお菓子を配ったという。

数時間後の日本初試合では〝鬼畜米英〟のイメージで悪役に徹するシャープ兄弟とボビー・ブランズ。それをチョップでなぎ倒す力道山。先の毎日新聞は力道山vs鬼畜米英の試合と、外国人レスラー3人の慈善活動を同じ誌面で報じるという、貴重な紙面となっていた。ちなみに慈善活動を紹介する記事の見出しは「〝ハヤクヨクナッテネ〟気の毒な子に涙ぐむ超人レスラー」だった。

小ネタ 力道山が命名した選手としては大木金太郎が有名。幻に終わったが、後にこの大木に「力道山」を襲名させようという案も、故郷の韓国政府主導で出された。

参考文献
『エキサイティングプロレス』（日本スポーツ企画出版社）
『ジャイアント馬場王道ミュージアム』（KADOKAWA（エンターブレイン））
『月刊ゴング』（日本スポーツ社）
『月刊プロレス』（ベースボール・マガジン社）
『個性豊かなリングガイたち』（ベースボール・マガジン社）
『小橋健太青春自伝熱き握り拳』（ぶんか社）
『Gスピリッツ』（辰巳出版）
『実話GON！ナックルズ』（ミリオン出版）
『週刊ゴング』（日本スポーツ出版社）
『週刊プロレス』（ベースボール・マガジン社）
『日本プロレス事件史』（ベースボール・マガジン社）
『VTに挑んだ男たち：世紀末名勝負伝説』（ベースボール・マガジン社）
『ビデオ・リサーチレポート　関東』（ビデオ・リサーチ社）
『プロレスへの遺言状』（河出書房新社）
『ミカドの肖像』（小学館）

アリは猪木戦の直前にプロレスラーと戦っていた！
プロレス発掘秘史

2024年9月24日　第1刷発行

著者　瑞 佐富郎

発行人　関川 誠

発行所　株式会社宝島社
〒102-8388
東京都千代田区一番町25番地
電話　（営業）03-3234-4621
（編集）03-3239-0928
https://tkj.jp

印刷・製本　中央精版印刷株式会社

ISBN978-4-299-05882-9